Josef Rohrer

Cold Case Ötzi

Josef Rohrer

Cold Case Ötzi

Eine Spurensicherung von
Alexander Horn, Oliver Peschel
und Andreas Putzer

FOLIO VERLAG
WIEN • BOZEN

Der Autor

JOSEF ROHRER, geboren 1955, lebt als Buchautor und Kurator von Ausstellungen in Meran und ist radelnd und wandernd im hochalpinen Gelände unterwegs. Er war Chefredakteur eines Wochenmagazins und ist einer der „Väter" des Museums zur Tourismusgeschichte, Touriseum, in Meran und des Museums über Andreas Hofer in Passeier. Bei Folio sind zuletzt erschienen: *Meran kompakt* (2020) und *Geschichte Südtirols erleben* (2021).

Die Spurensicherer

ALEXANDER HORN, geboren 1973, Leiter der Dienststelle für Operative Fallanalyse am Polizeipräsidium München, Deutschlands wohl bekanntester Profiler, wies bei der NSU-Mordserie als Erster auf einen rechtsextremen Hintergrund der Täter hin und half u. a. den „Maskenmann" zu überführen.

OLIVER PESCHEL, geboren 1964, stellvertretender Vorstand am Institut für Rechtsmedizin der LMU München, Ötzis Arzt des Vertrauens, wird herangezogen, wenn es gilt, Tötungsdelikte zu klären, Todesursachen festzustellen oder Tote zu identifizieren: zum Beispiel in Bosnien und im Kosovo für das UN-Kriegsverbrechertribunal, bei der Brandkatastrophe in Kaprun oder nach dem Tsunami in Thailand.

ANDREAS PUTZER, geboren 1970, Spezialist für hochalpine Archäologie, arbeitet in Ötzis aktueller Residenz, dem Südtiroler Archäologiemuseum. Kennt Fundort und Schnalstal wie seine Westentasche.

INHALT

OCKHAMS RASIERMESSER

„Zu dem Zeitpunkt, als Ötzi das Tisenjoch erreicht hat, ist davon auszugehen, dass er keine unmittelbare Bedrohung empfunden hat, da er an strategisch günstiger Stelle offenbar eine Rast zur Nahrungsaufnahme gemacht hat und daher eventuell seine Aufmerksamkeit und Wachsamkeit reduziert war.“

Und wenn es doch nur ein Jagdunfall war?

Der Mann, den später alle Ötzi nennen werden, nahm die Rückentrage ab und stellte sie vor sich hin. Seinen erst halbfertigen Bogen, in dem noch keine Sehne eingespannt war, lehnte er an einen Felsen. Das Beil mit der auffälligen Kupferklinge legte er daneben ab, ebenso den Köcher mit 14 Pfeilen. Zwölf davon hätte er noch mit einer Spitze und mit Federn versehen müssen. Jetzt brauchte er erst einmal etwas für den Magen.

Er stand auf einer kleinen Anhöhe rund 30 Meter oberhalb des Tisenjochs und etwa 70 Meter davon entfernt. Das Joch liegt auf 3188 Metern über dem Meer, gegen Süden ist tief unten der Grund des Schnalstals auszumachen. 1500 Meter Höhendifferenz, dreieinhalb Stunden Aufstieg über zuletzt steiles Gelände, nach Norden zu geht es ins Ötztal. Die Anhöhe ist ein guter Platz für eine Rast, Felsen bilden eine Mulde. Meistens ist sie voll Schnee, doch im Sommer kann

Die Fundstelle

Ötzi lag in dieser Mulde. In manchen Jahren ist sie auch noch im Hochsommer voll Altschnee. Im Hintergrund die 1994 errichtete Steinpyramide. Das Tisenjoch befindet sich links unterhalb der Pyramide.

sie ausapern. Ötzi holte aus seinem Rucksack – wahrscheinlich ein Netz aus Lindenbast, das an die Rückentrage geknotet war – seinen Proviant: geselchtes Fleisch vom Steinbock und Hirsch sowie Brot. Setzte er sich zum Essen hin? Zerteilte er das Fleisch mit seinem Dolch? An der Klinge aus Feuerstein wurden Spuren von tierischem Fett nachgewiesen. Es wäre ein Indiz dafür, dass er seine Mahlzeit nicht hastig verschlang, so als müsste er schnell weiter. Er schien sich Zeit zu lassen. Vielleicht blickte er über die flachen Schneefelder der Gletscher im Osten des Tisenjochs und hing seinen Gedanken nach.

Der Pfeil traf ihn von hinten in die linke Schulter. Die scharfe Spitze aus Feuerstein durchschlug seinen Mantel aus zusammengenähten Streifen von Schaf- oder Ziegenfell und blieb unter dem Schlüsselbein stecken, zwischen dem Schulterblatt und der zweiten Rippe. Der Schuss dürfte aus rund 30 Metern abgegeben worden sein. Aus kürzerer Distanz wäre der Pfeil wohl tiefer in die Schulter eingedrungen, hätte womöglich den Brustkorb durchschlagen. Die Lunge war nicht verletzt, die Unterschlüsselbein-Arterie jedoch zumindest angeritzt. Sie blutete.

Wer hat geschossen? War Ötzi mit jemandem aufs Tisenjoch gestiegen, den er kannte? Stammte dieser Begleiter aus der Siedlung unten im Vinschgau, die sich auf dem Sonnenhang über dem Eingang ins Schnalstal befand? Vielleicht sah er sich noch um, als Ötzi bereits in der Mulde war und seinen Proviant verzehrte. Vielleicht stand er etwas unterhalb von dem Rastplatz und sah oben auf der Geländekante ein Tier: ein Schneehuhn, einen Schneehasen, beide kommen in der Gegend vor. Vielleicht legte er einen Pfeil in seinen Bogen, spannte, zielte … Und vielleicht hatte sich Ötzi in dem Moment, in dem der Pfeil über die Geländekante schoss, dahinter aufgerichtet. Eine Dynamik, die auch mit heutigen Schusswaffen zu Jagdunfällen führt.

Falls es so gewesen wäre, würde der Schütze versucht haben, den Pfeil aus Ötzis Rücken zu ziehen. Er bekam nur den Schaft zu fassen, die Steinspitze blieb in der Schulter stecken. Er könnte dann alles stehen und liegen gelassen haben und zu Tal gerannt sein, um die anderen unten in der Siedlung zu alarmieren. Selbst ein guter Läufer würde für die Strecke sechs, sieben Stunden brauchen. Bis dahin war Ötzi längst verblutet. Er starb, wie die Untersuchungen später ergaben, innerhalb von etwa 90 Minuten, nachdem er gegessen hatte.

***

Oliver Peschel ist gerade dabei, die Hirschkeule anzubraten, die er von einem seiner Jagdausflüge mitgebracht hat. „Ein Jagdunfall? Interessant." Der Tonfall verrät, was er von der Hypothese hält. Peschel ist Professor am Institut für Rechtsmedizin an der Universität München. Er habilitierte mit einer Arbeit über Schussverletzungen. Ein Großteil seines Jobs besteht darin, Todesursachen festzustellen. Nach den Zerfallskriegen Jugoslawiens in den Neunzigerjahren war er im Auftrag des UN-Kriegsverbrechertribunals auf Exhumierungsmission in Bosnien und im Kosovo. Nach der Brandkatastrophe im Tunnel der Standseilbahn von Kaprun im Bundesland Salzburg holte man ihn zur Identifizierung der Opfer. Nach dem Tsunami im Indischen Ozean war er in Thailand im Einsatz. Als Forensiker hat er in seinem Berufsleben mehr als 10.000 Leichen obduziert. Auch Mumien wie den „Luftg'selchten Pfarrer" aus dem 17. Jahrhundert, der in der Kirche St. Thomas am Blasenstein in Oberösterreich liegt. 2016 machte ihn das Archäologiemuseum in Bozen, wo Ötzi in einer Kühlzelle aufbewahrt und ausgestellt ist, zum Leiter des Konservierungsteams.

Andreas Putzer ist in diesem Museum der auf Ötzi spezialisierte Archäologe. Die Geräte und Bekleidungsstücke, die man 1991 neben der Mumie im Eis gefunden hat, haben Wissenschaftlerinnen und Wissenschaftler verschiedener Disziplinen untersucht. Putzer kennt alle Ergebnisse. Und er hat viele der Grabungen begleitet, die seitdem durchgeführt wurden, um mehr über die Zeit von Ötzi herauszufinden. „Nach allem, was wir wissen, konnten die damals sehr gut mit Pfeil und Bogen umgehen. Das waren die besseren Jäger als viele heutzutage." Aus so kurzer Distanz das Ziel verfehlen und stattdessen unabsichtlich den Rücken eines Begleiters treffen, das sei doch sehr unwahrscheinlich.

„Und vor allem: Vergessen wir nicht die Verletzung an Ötzis rechter Hand", sagt Alexander Horn. Er ist Kriminaloberrat im Polizeipräsidium München und leitet die Abteilung OFA Bayern, die Operative Fallanalyse. Er wird häufig zu *Cold Cases* beigezogen – zu Fällen, die nie aufgeklärt wurden, weil die Ermittler nicht weiterkamen. Medien nennen ihn den bekanntesten Profiler Deutschlands. Als in der NSU-Mordserie von 2000 bis 2006 die meisten Ermittler noch hartnäckig daran glaubten, die neun Todesopfer mit Migrationshintergrund seien in türkische Bandenkriege verwickelt gewesen, ging Horn bereits von deutschen Neonazis als Tätern und von Ausländerhass als Tatmotiv aus. Zu Recht, wie sich später herausstellte. In einem anderen spektakulären Fall überführte er den „Maskenmann".

Zwischen 1991 und 2001 waren aus Schullandheimen und Zeltlagern in Norddeutschland drei Buben im vorpubertären

Alter verschwunden. Nachts. Später fand man ihre verscharrten Leichen. Die Buben waren sexuell missbraucht und dann erwürgt worden. Im gleichen Zeitraum war ein Sexualtäter öfter in Schullandheime, Zeltlager und Wohnungen eingedrungen, ebenfalls nachts. Er missbrauchte mehr als 40 Jungen, in den Wohnungen schliefen nebenan die Eltern, in den Heimen die Betreuer. Die Kinder sagten aus, der Mann habe eine dunkle Sturmhaube über dem Gesicht getragen. Mehrere Polizeikommissariate ermittelten nebeneinanderher. Nach einem der drei Morde bekam die OFA Bayern den Auftrag, eine Fallanalyse zu erstellen. Sie kam zum Schluss, dass es sich in allen Fällen um denselben Mann handelte. Horn und sein Team zeichneten ein Profil des Täters: Er musste erfahren im Umgang mit Kindern sein; andernfalls hätte er sie ohne exzessive Gewalt nie dazu gebracht stillzuhalten. Er musste intelligent sein; sonst wäre es ihm nicht gelungen, das Risiko seines ungewöhnlichen Eindringens in der Nacht richtig einzuschätzen.

Als Spiegel-TV eine Dokumentation über die Arbeit der OFA Bayern vorbereitete und die Ermittlungen über den Maskenmann als Fallbeispiel verwendete, meldete sich eines der Opfer, bei dem der Maskenmann Jahre zuvor in die elterliche Wohnung eingestiegen war. Erst jetzt als Erwachsenem und ausgelöst von den Recherchen für den Film war ihm eingefallen, dass einige Zeit vor dem nächtlichen Übergriff ein Betreuer in einem Schullandheim von ihm wissen wollte, wo er denn wohne. Die Polizei machte den Mann ausfindig, das Täterprofil stimmte genau. Horn brachte den Mann dazu, ein Geständnis abzulegen – fast 20 Jahre nach dem ersten Mord.

***

Die Fall-analytiker

Andreas Putzer,
Oliver Peschel,
Alexander Horn
(v. l. n. r.)

Wir haben uns drei Tage lang in einer Hütte in den Südtiroler Bergen eingeschlossen. Alexander Horn, Oliver Peschel und Andreas Putzer wollen mit ihren unterschiedlichen Zugängen aus Kriminalistik, forensischer Traumatologie und Archäologie eine Fallanalyse zu Ötzi erstellen. Sie wollen ergründen, welche der unzähligen Puzzleteile aus der Ötzi-Forschung, die häufig nur aus einem isolierten Fachgebiet stammen, sich zu einem Gesamtbild zusammenfügen lassen. Sie wollen die vielen möglichen Hypothesen über seinen Tod überprüfen und dann bewerten, welche am wahrscheinlichsten ist. Schließlich wollen sie versuchen, eine Antwort auf die beiden zentralen Fragen zu finden: Warum war Ötzi auf dem Tisenjoch? Was ist passiert, dass er dort oben in der bekannten Stellung liegen blieb, mit einer Pfeilspitze im Rücken?

Und ich soll sie bei ihrer Suche begleiten. Ich soll beobachten, wie sie die Fakten aus der Ötzi-Forschung ausbreiten und in einen Zusammenhang bringen. Ich soll notieren, welche Schlüsse sie ziehen, welche Argumente und Gegenargumente sie zu möglichen Hypothesen vorbringen. Und ich soll aus alledem ein Buch schreiben. Darin werden Horn, Peschel und Putzer häufig selbst zu vernehmen sein. Passagen zwischen ihren wörtlich wiedergegebenen Äußerungen und Wichtiges aus der Ötzi-Forschung fasse ich mit meinen Worten zusammen. Und ich werde meine Rolle als stiller Zuhörer immer wieder übertreten und Fragen einwerfen: um Antworten zu provozieren und als ein Stilmittel, das dem Text eine Richtung gibt.

Kann eine Rekonstruktion von Ötzis Fall überhaupt gelingen, mehr als 5000 Jahre nach dem Ereignis? Ohne Spurensicherung, ohne eine zeitnahe Untersuchung am Ort des Geschehens, ohne die Möglichkeit, Zeugen zu befragen?

„Auf Zeugenaussagen verlassen wir uns auch bei aktuellen Fällen nicht", verrät Horn. „Wir brauchen Fakten, auf denen wir Hypothesen aufbauen. Bei Zeugenaussagen bekommen wir häufig nur subjektive Wahrnehmungen mit einer hohen Fehlerquote. Die einen würden dir erzählen, Ötzi sei bergauf gegangen, die anderen, er sei von oben heruntergekommen, und mindestens einer würde behaupten, Ötzi war hundertprozentig nicht auf dem Tisenjoch, da oben war noch nie jemand."

Schwerer wiegt, dass der Tatort nach so langer Zeit nicht mehr viel hergibt. Niemand weiß, wie es auf dem Tisenjoch an jenem Tag ausgesehen hat. Herrschte gute Sicht oder war das Joch im Nebel? Lag meterhoch Schnee oder war die Senke ausgeapert? War Ötzi, als der Pfeil ihn traf, genau dort, wo ihn später das Eis freigab, oder war seine Position verändert worden? Und wo stand der Schütze? Der Tatort und die dort möglicherweise auffindbaren Spuren sind für jede Fallanalyse zentrale Elemente. Deshalb zögerte Horn zunächst, ob er sich auf diesen *very cold case*, wie er ihn nannte, einlassen sollte. Andererseits lieferten die zahlreichen Untersuchungen an der Mumie, an Ötzis Kleidung und an seiner Ausrüstung eine Fülle von vielleicht nützlichen Daten und Hinweisen.

Ein Experimentalarchäologe baute seinen Bogen nach, um herauszufinden, wie lange Ötzi gebraucht hätte, ihn schussbereit zu machen – ein vielleicht wichtiges Detail bei der Frage, warum er auf dem Tisenjoch war. Wissenschaftlerinnen und Wissenschaftler haben die Speisereste und Blütenpollen in seinem Verdauungstrakt untersucht und glauben fast auf die Stunde genau zu wissen, wo er sich in den Tagen zuvor aufgehalten hat und wie viel Zeit zwischen seiner letzten Mahlzeit und seinem Tod vergangen ist. Die Beau-Linien auf einem seiner Fingernägel wurden ausgewertet. Sie könnten ein Indiz dafür sein, dass Ötzi in den letzten Monaten unter Stress gestanden hat. Und trotz der langen Zeit, in der die Mumie im Eis lag, konnte Ötzis Zellkern-Genom weitgehend entschlüsselt werden – Ausgangspunkt für zahlreiche weitere Forschungen. Das enorme wissenschaftliche Interesse am „Mann aus dem Eis" hat Untersuchungen erlaubt, die sich Polizei und Justiz im Normalfall nicht leisten würden. „Ich kenne keine Leiche in einem rezenten Mordfall, über die wir so viel wissen wie über Ötzi", sagt Peschel. „In aktuellen Fällen haben wir oft deutlich schlechtere Befunde." Soll heißen: Eine Fallanalyse nach so langer Zeit ist nicht aussichtslos.

***

Das Interesse der Wissenschaft an der Mumie ist verständlich. Weltweit ist keine andere dieses Alters so gut erhalten, aus der Kupferzeit ist sie bisher überhaupt die einzige. Dank der Bekleidung und der Ausrüstung, die Ötzi bei sich trug – Beil, Bogen, Werkzeuge, ein Erste-Hilfe-Set –, erfährt die Archäologie und die Anthropologie viel über seine Zeit. Unabhängig davon, wie er ums Leben kam.

Woher aber kommt die anhaltende Faszination, die von den rätselhaften Umständen seines Todes ausgeht? Warum fesselt diese True-Crime-Story so viele – wenn es überhaupt ein Kriminalfall war und nicht bloß ein Unfall? „Weil wir Menschen ein geradezu naturgegebenes Bedürfnis nach kausalen Ableitungen haben. Das geht so weit, dass wir eine Religion brauchen, um uns verschiedene Dinge zu erklären", vermutet Peschel. „Wenn dein Auto einen Platten hat und in der Werkstatt sagen sie dir, du hast dir einen Nagel eingefahren, ist alles gut. Aber stell dir vor, sie sagen dir, sie haben's repariert, aber sie wissen nicht, was es war. Und nach einer Woche hast du wieder einen Platten."

Also werden der Gerichtsmediziner, der Archäologe und der Kriminalist in der Hütte nach dem Nagel suchen, nach einem kausalen Zusammenhang zwischen Ötzis Verletzung an der Hand, seiner Anwesenheit auf dem Tisenjoch und der Feuersteinspitze in seinem Rücken. Sie werden die Fülle an Informationen zu ordnen versuchen, Hypothesen aufstellen und immer wieder zu Ockhams Rasiermesser greifen.

Ockhams Rasiermesser ist eine auch bei Fallanalysen häufig angewandte Methode, die auf einen Franziskanermönch des späten Mittelalters zurückgeht. Dessen Lehrsatz: Die einfache Erklärung ist immer der komplizierten vorzuziehen. „Das Rasiermesser schneidet, um im Bild zu bleiben, so lange alle unwahrscheinlichen Erklärungsansätze weg, bis nur mehr die plausiblen übrigbleiben", schreibt Alexander Horn in *Die Logik der Tat*, einem Buch, in dem er über seine Arbeit berichtet.

Die berühmte Mumie hat seit 1991, als ein deutsches Ehepaar sie zufällig halb aus dem Eis ragend entdeckte, nicht nur viele interessierte Laien, sondern ganze Forschungszweige zu einem Könnte-es-nicht-doch-sein verführt – zu Erklärungsversuchen für Ötzis Tod. Auch wir werden immer wieder Könnte-es-nicht-doch-sein-Fragen stellen müssen, um die Lücken zwischen den Fakten mit Hypothesen zu überbrücken.

„Wir werden uns über drei große Informationsquellen dem Fall annähern", kündigt Horn an. „Erstens: Wer war das Opfer, was wissen wir genau, was ist fragliches Wissen? Das müssen wir einbetten in die Zeit, in der er lebte. Was wissen wir über die Menschen damals, über deren Lebensweise, und welche Rolle spielte Ötzi in diesem Kontext? Zweitens, der Tatort: Wieso war man damals dort oben unterwegs, warum ist Ötzi ausgerechnet dort hinauf und was wissen wir über die finale Lage des Opfers? Und drittens: seine Verletzungen und die Interpretation der rechtsmedizinischen Befunde. Wenn wir das alles für uns verdichtet haben, können wir – ich schätze, am dritten Tag – in die Rekonstruktion des Geschehens einsteigen. Aber wir werden kein Hypothesen-Wunschkonzert betreiben, sondern möglichst nahe an den Fakten bleiben."

In der Kriminalistik ist Ockhams Rasiermesser oft die einzige Methode voranzukommen. Würden Ermittler alle Hypothesen als gleichwertig einstufen, verzettelten sie sich und kämen wahrscheinlich nie zu einem Schluss. Daraus folgt, dass Fallanalysen zwangsläufig mit Wahrscheinlichkeiten arbeiten. Und mit dem Risiko, dass eine Hypothese als unwahrscheinlich aussortiert wird, obwohl sie die richtige wäre.

***

Ötzis rechte Hand weist in dem Bogen zwischen Daumen und Zeigefinger einen glatten Schnitt auf, der bis auf den Knochen geht. Hätte die Wunde zu einer Sepsis geführt, zu einer Überreaktion des körpereigenen Abwehrsystems, hätte Ötzi an ihr sterben können. Auf jeden Fall wird die Verletzung ihn stark behindert haben. Ötzi hat also nicht nur einen Pfeil in den Rücken bekommen, sondern Tage zuvor auch eine erhebliche Verletzung an der Hand erlitten. Eine Bestätigung für Murphys Gesetz, wonach alles, was schiefgehen kann, irgendwann auch schiefgehen wird?

„Aber zwei schwere Verletzungen innerhalb so kurzer Zeit, und eine davon tödlich … Wenn es keinen kausalen Zusammenhang zwischen beiden Ereignissen gab, muss Ötzi ganz schön viel Pech gehabt haben im Leben. Zumindest in seinen letzten paar Tagen. Da wäre er echt Sven Glückspilz gewesen", sagt Horn. „Zuerst hat er sich mit seinem Brotzeitmesser blöd g'schnitten, dann ist er oben in eine Pfeilspitze reing'laufen. Wollen wir das glauben? Und passt das zu dem, was wir von ihm wissen? Er war ja offenbar nicht der Dorfdepp."

Ötzi war Rechtshänder. Das zeigt unter anderem seine Muskulatur, die am rechten Arm kräftiger ist als am linken. „So eine Verletzung holst du dir, wenn dich jemand mit einem Messer oder einem anderen scharfen Gegenstand angreift und du instinktiv mit deiner Führungshand abwehrst. Das könnten wir heute Abend beim Essen oder morgen mal nachstellen."

War Ötzi einige Tage, bevor ihn der Pfeil traf, in einen Streit verwickelt, der zu einem Nahkampf eskalierte? Machte er sich deshalb auf den Weg zum Tisenjoch? Und wer war eigentlich dieser Ötzi?

Die Handverletzung

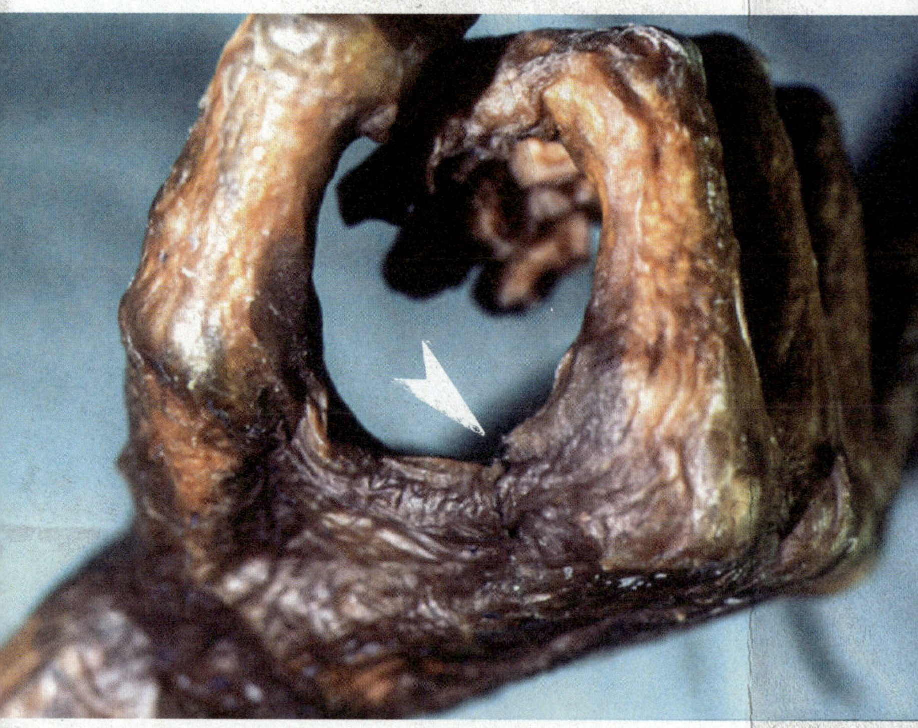

Im Bogen zwischen Daumen und Zeigefinger hatte Ötzi einen tiefen Schnitt bis auf den Fingerknochen. Auf der Röntgenaufnahme ist zu sehen, dass auch der Knochen verletzt war.

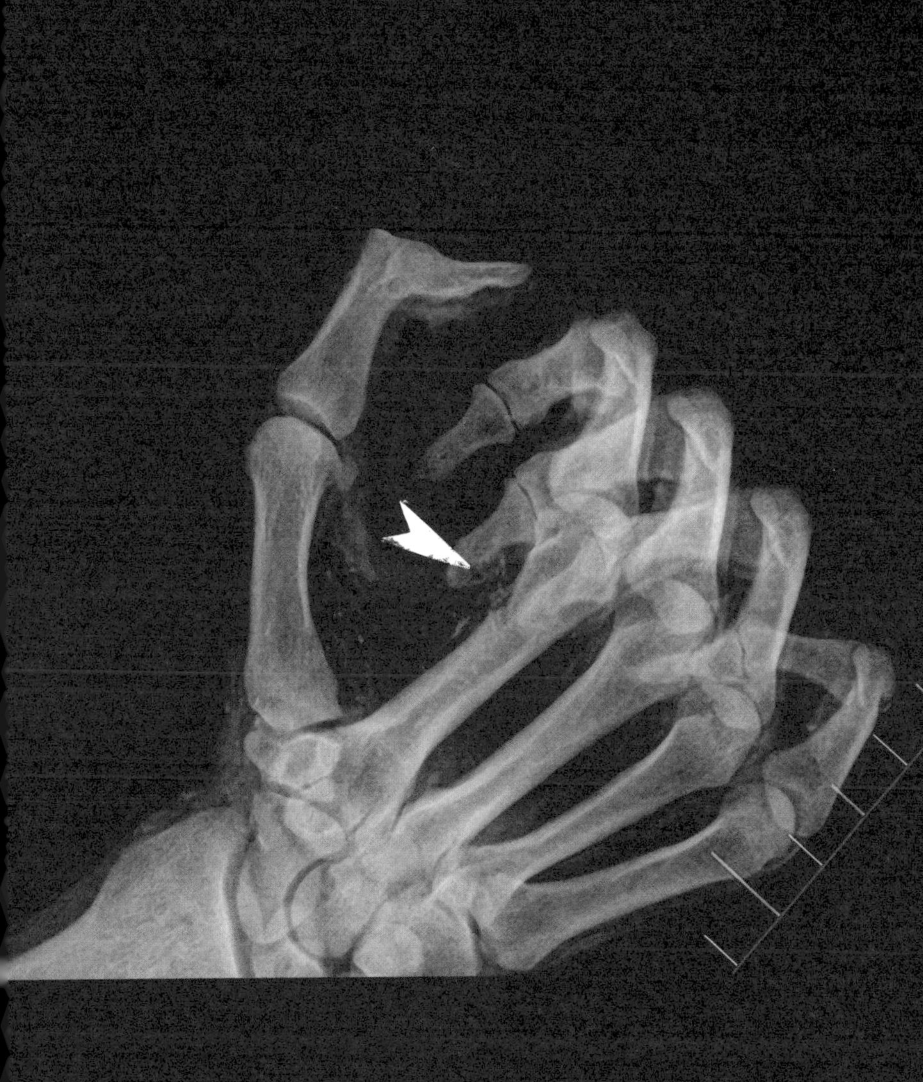

EIN KUPFERBEIL, 61 TATTOOS

„In der Gesamtschau ist von einem hohen sozialen Status des Opfers auszugehen. Dies zeigt sich, neben den körperlichen Befunden, auch an dem Mitführen der Axt. Diese Beilklinge weist ein außergewöhnliches Material auf. Statt dem üblicherweise zu findenden Stein besteht diese aus Kupfer. Das Mitführen einer solchen Klinge würde bereits nach außen erkennbar einen höheren Status dokumentieren.“

Alexander Horn hat mit Reißnägeln ein weißes Betttuch ans Getäfel der Stube gepinnt, davor seinen mitgebrachten Projektor aufgestellt, seinen Laptop angeschlossen und tippt jetzt mit der Routine des Kriminalkommissars die ersten Absätze eines Berichts zur Fallanalyse. Auszüge daraus leiten jedes Kapitel dieses Buches ein.

„Bei dem unbekannten Opfer handelt es sich um einen Mann im mittleren Alter. Bei einer Körpergröße von 160 Zentimetern und einem ungefähren Körpergewicht von 50 Kilogramm war er von schlanker bis athletischer Figur. Die Beinmuskulatur insgesamt, vor allem die Muskelansätze im Unterschenkel, sind stark ausgeprägt, ein Umstand, der darauf hindeutet, dass das Opfer regelmäßig unterwegs war und dabei gewisse Distanzen zurücklegte. Die Arme und Hände sind eher feingliedrig und zeigen keine Hinweise auf schwere Arbeit ...“

„Mit diesen Händen war er jedenfalls kein Bauer. Das können wir ausschließen“, bekräftigt Andreas Putzer. Ötzi hat sich allem Anschein nach nicht damit abgegeben, mit Feldhacke und Holzpflug Furchen in einen Ackerboden zu ziehen wie wohl die meisten seiner Zeitgenossen. Doch wenn er kein Bauer war, was war er dann? Ein Hirte, ein Schamane, der Anführer eines Clans: Das sind nur einige der Hypothesen, die bald nach der Entdeckung der Mumie aufkamen.

„Von seiner körperlichen Verfassung her und von seiner Beinmuskulatur könnte er ein Händler gewesen sein. Hier, im unteren Bereich der Wirbelsäule“ – Oliver Peschel zeigt die Stelle auf einer mitgebrachten Röntgenaufnahme –, „sehen wir eine Arthrose. Auch die großen Gelenke in Hüften und Knien zeigen Spuren einer starken Beanspruchung. Das könnte darauf hindeuten, dass er viel gelaufen ist und dabei schwer zu tragen hatte, wie eben ein Händler zu der Zeit.“

„Die kräftige Beinmuskulatur und dicke Hornhaut an den Fußsohlen, die wir bei Ötzi sehen, hatten damals sicher viele, vor allem im Gebirge“, wirft Putzer ein. „Das Gelände ist steil, gute Wege wird es kaum gegeben haben, und die Menschen werden meistens barfuß gewesen sein.“

Zu jemanden, der viel herumkam, würde aber passen, was er bei sich hatte: das Beil mit der Kupferklinge aus der Toskana, der Dolch mit der Silexklinge aus der Gegend um den Gardasee …

„Diesen Silex haben viele benutzt. Er war weit verbreitet.“

„Wo hast'n du deinen Feuerstein her? Na, vom Gardasee.“

Laut einer Altersbestimmung mit der Radiokarbonmethode, durchgeführt an seinen Knochen und seiner Ausrüstung, lebte Ötzi irgendwann zwischen 3350 und 3120 vor Christus. Der Einfachheit halber nimmt die Wissenschaft von diesen

Eckdaten einen ungefähren Mittelwert und geht von einem Todesjahr um 3200 aus. Warum eine derart vage Datierung? Mit einer Dendrochronologie, bei der die Jahresringe im Holz mit Referenzmustern verglichen werden, sollte es doch möglich sein, fast aufs Jahr genau festzustellen, wann der Baum für Ötzis Bogen gefällt wurde. Dann wüsste man, wann Ötzi sich auf den Weg zum Tisenjoch machte, und also auch, wann genau er lebte.

„Dafür müssten wir das Bogenholz anbohren oder sogar durchsägen, weil nur auf einem Querschnitt die Jahresringe deutlich genug zu sehen sind. Das kann ein Museum bei einem so wertvollen Objekt selbstverständlich nicht zulassen. Wir haben den Bogen aber im Krankenhaus Bozen in den neuesten Computertomografen geschoben. Er machte erstaunlich gute Bilder vom Inneren des Bogenstabs und den Jahresringen unter der Oberfläche des Holzes. Aber leider, für eine genaue Altersbestimmung reichte die Auflösung der Bilder doch nicht aus. Vielleicht gelingt es später mal, mit einer anderen Technik."

Vorerst also 3200. Das Jahr fällt in eine Frühphase der europäischen Kupferzeit. Auf dem Balkan war das Wissen, wie Kupfererz geschmolzen und zu Werkzeugen und Schmuck gegossen werden kann, bereits im fünften Jahrtausend vor Christus aus dem Orient angekommen. Vom Balkan breitete es sich auf dem Wasserweg weiter aus: über die Donau nach Mitteleuropa, über die Adria nach Italien. Die ältesten Nachweise einer Kupferschmelze in der Toskana gibt es aus der Zeit um 3600 vor Christus, also einige Jahrhunderte vor Ötzi. Im heutigen Südtirol wird lokales Kupfer erst ab 2700 verarbeitet.

Die Klinge von Ötzis Beil besteht zu 99,7 Prozent aus Kupfer, die restlichen 0,3 Prozent sind hauptsächlich Silber und Arsen. Die Analyse der Metalle führte zu einer Kupferader im Süden der Toskana. Ihr Erz hat exakt die gleiche Zusammensetzung wie Ötzis Beilklinge. Sie dürfte in der Toskana auch in ihre Form gegossen sowie durch Hämmern verdichtet und gehärtet worden sein.

Putzer loggt sich – die Hütte hat WLAN – in die Datenbank des Ötzi-Museums ein und zeigt auf einer Nahaufnahme die dünnen Randleisten der Klinge. Sie sind charakteristisch für toskanische Klingen aus Ötzis Zeit; an älteren vom Balkan fehlen die Randleisten, an späteren aus der Bronzezeit waren sie so dick, dass sie umgeschlagen wurden. Klingen desselben Typs wie von Ötzi befanden sich auch in Gräbern in Mittelitalien, in Remedello südlich des Gardasees sowie in der Schweiz. Nach Remedello ist aufgrund der zahlreichen dort entdeckten Gräber eine eigene Kultur benannt. In den rund 100 freigelegten Gräbern lagen große Mengen an Pfeilspitzen und Dolchen aus Silex sowie Steinbeile, aber nur vier Beilklingen aus Kupfer. Sie waren demnach noch sehr selten. Auch im heutigen Südtirol wurden aus der Zeit vor Ötzi nur vier Metallklingen gefunden – alle vier stammen vom Balkan, die älteste von rund 4000 vor Christus.

„Was sagt uns all das über Ötzi?"

„Dass er auf seine Zeitgenossen großen Eindruck gemacht haben muss, wenn er mit seinem Kupferbeil aufkreuzte."

Wahrscheinlich kam lediglich die Metallklinge aus der Toskana. Ötzi dürfte sie dann selbst am Holm befestigt haben – im Stumpf eines Astes, der in einem fast rechten Winkel vom dünnen Stamm einer Eibe abzweigt. Es ist die gleiche Holzart, die er später für den Bogenstab verwendete.

Die Beilklinge

Die Klinge von Ötzis Beil ist 9,3 Zentimeter lang, 3,7 Zentimeter breit und wiegt 174,2 Gramm. Sie wurde in einer senkrecht stehenden, zweiteiligen Form gegossen.

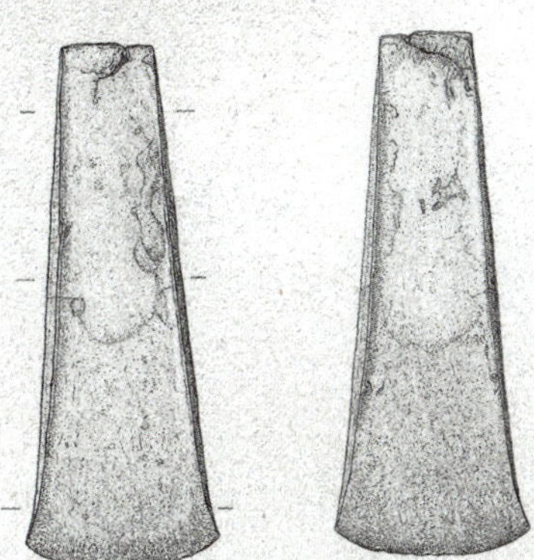

Das Beil

Die Kupferklinge steckt in einem Spalt des Astansatzes, der aus dem Stamm einer Eibe gewachsen war. Sie wurde mit Lederriemen und Birkenteer fixiert. Der Holm ist 60 Zentimeter lang.

1 cm

Die Hackspuren

Das Bogenholz weist markante Hackspuren auf. Sie passen exakt zur Schneide der Beilklinge. Daraus kann geschlossen werden, dass Ötzi den noch unfertigen Bogen selbst bearbeitet hat.

„In der Vergrößerung sehen wir an der Klinge deutliche Gebrauchsspuren. Sie war keine neuwertige Handelsware, Ötzi war also vermutlich kein Händler von Kupferklingen. Die Schneide war bereits mehrfach durch Hämmern und Schleifen nachgeschärft worden. Und hier“, Putzer ruft ein Foto des Bogenstabs auf, „diese Hackspuren am Holz: Untersuchungen haben ergeben, dass sie exakt zur Beilklinge passen. Er wird diesen Bogen eigenhändig aus einem von ihm gefällten Baum gespalten haben. Die Hiebe sind so präzise gesetzt, dass ein Experimentalarchäologe uns versichert hat: Ötzi hatte schon öfter einen Bogen gebaut, das war nicht sein erster.“

Mit dem Kupferbeil besaß er ein Prestigeobjekt, doch er benutzte es auch als Werkzeug. Wer war er, dass er sich dafür diese Klinge leisten konnte? Und wie war er in ihren Besitz gekommen? Über Geld oder Frühformen davon ist aus seiner Zeit noch nichts bekannt.

„Niemand wird ihm die Klinge einfach so abgetreten haben“, vermutet Putzer. „Entweder war er in der sozialen Position, dass man sie ihm geben musste – als Gastgeschenk oder als Zeichen der Loyalität. Oder er hatte etwas zum Eintauschen. Was es gewesen sein könnte, werden wir wahrscheinlich nie wissen.“

Könnte es nicht sein, dass Ötzi sich einmal in der Toskana aufgehalten hat und die Klinge mitgehen ließ?

„Ausschließen können wir's nicht“, sagt Peschel. „Doch passt es zu den Befunden über seine körperliche Verfassung? Hätte ein Junkie eine Rolex am Arm oder das neueste iPhone in der Hand, würden wir uns unwillkürlich fragen: Wo hat der das her? Das Beil von Ötzi widerspricht aber nicht dem Gesamtbild, das wir von ihm haben.“

***

Er hat sein Leben lang gut gegessen. Während an prähistorischen Skeletten häufig eine Mangelernährung nachzuweisen ist, zeigen die Befunde von Ötzi nichts dergleichen. Hunger scheint er nie gelitten zu haben, jedenfalls nicht über längere Zeit. Was er zu sich nahm, war offenbar reichlich und vielfältig: Getreide, vitaminreiches Obst, Gemüse, viel fettes Fleisch.

Mit seinen etwa 45 Jahren war Ötzi für seine Zeit überdurchschnittlich alt. Skelettfunde lassen darauf schließen, dass die meisten damals deutlich jünger starben. Hatte Ötzi einfach Glück, dass er bis zum Gang aufs Tisenjoch überlebte? Oder verdankte er sein Alter einer bestimmten Stellung, die er in der Gemeinschaft hatte?

Gemessen an seinen Lebensjahren hatte er ein auffallend gutes Gebiss. Seine Zähne sind zwar stark abgeschliffen, wohl von den Steinpartikeln, die beim Zermahlen des Getreides ins Mehl gelangten. Und deutliche Spuren einer Abnützung an den Schneidezähnen lassen vermuten, dass er sie auch als Werkzeug benutzte. Jedoch hatte er keine Zahnlücke und nur wenige Stellen mit Karies, obwohl auch Getreide Karies fördern kann. Der gute Zustand ist umso erstaunlicher, als es mit der Zahnpflege nicht weit her gewesen sein dürfte. Vermutlich kauten die Menschen damals Birkenteer, den Alleskleber der Zeit, an dem auch Essensreste haften blieben. Gegen einen faulen Zahn aber gab es mit Sicherheit keine Behandlung – außer ein Raus-Damit.

„Ötzis vollständiges Gebiss können wir als einen weiteren Hinweis auf eine ausgeglichene Ernährung sehen, und es bestätigt den Eindruck, dass er in guter körperlicher Verfassung war. Trotz kleinerer Leiden. Er hatte Gallensteine und Verkalkungen der Hals- und Hauptschlagader. Eine fleischlastige Kost allein war aber nicht die Ursache dafür. Es lag auch

Das Gebiss

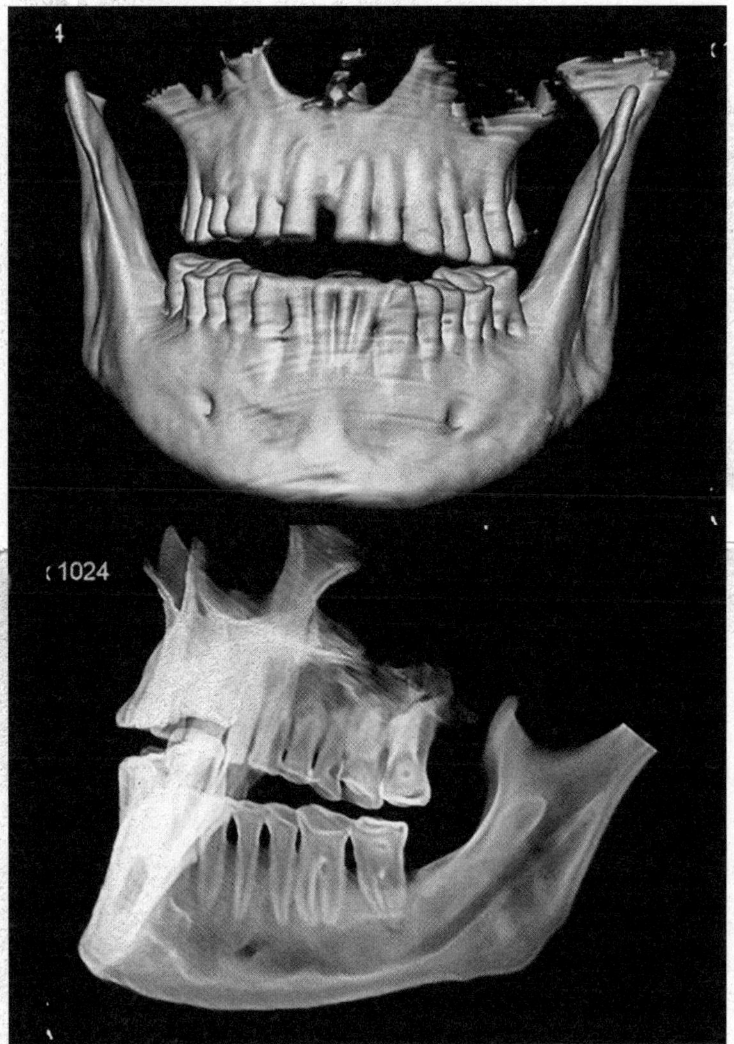

Ötzi dürfte seine Zähne oft als Werkzeug benutzt haben. Das Bild des Computertomografen und eine Röntgenaufnahme (unten) zeigen deutliche Spuren von Abnutzung. Die Zähne sind aber fast frei von Karies.

in seinen Genen", doziert Peschel. „Genanalysen ergaben eine Neigung zu Arteriosklerose mit einem – theoretisch – erhöhten Risiko für eine Erkrankung der Herzkranzgefäße und für Schlaganfälle. Risiko, wohlgemerkt. Das heißt nicht, dass er das eine oder andere irgendwann tatsächlich bekommen hätte."

Ein italienischer Medizinprofessor will auf einem Fingernagel von Ötzi drei sogenannte Beau-Linien festgestellt haben. Diese quer über den gesamten Nagel verlaufenden Rillen können entstehen, wenn der Organismus aufgrund einer massiven Störung derart unter Stress steht, dass er für eine Weile das Wachstum der Nägel einstellt – etwa bei einer Fehlfunktion der Leber, einer Unterfunktion der Schilddrüsen oder hohem Fieber. Die älteste der Rillen sei, so die Analyse des Professors, bei Ötzi circa fünf Monate vor seinem Tod entstanden, die jüngste zwei Monate davor. Die Ursache ließ sich allerdings nicht herausfinden.

In Ötzis Darm wurde der Peitschenwurm nachgewiesen. Dieser weit verbreitete Parasit kann zu chronischem Durchfall führen. Ob er bei Ötzi auftrat, ist nicht festzustellen. In seiner Lunge fanden sich Ablagerungen von Staub oder Ruß. Ötzi dürfte, wenig überraschend, häufig am offenen Feuer gesessen haben. Am zweiten Zeh des linken Fußes hatte er eine verknöcherte Zyste, wahrscheinlich die Folge einer Erfrierung. Und ein Schatten auf den Röntgenbildern wurde als Pleuritis interpretiert, als Rippenfellentzündung. Falls Ötzi tatsächlich darunter gelitten hat, könnte ihm beim Aufstieg zum Tisenjoch das Atmen schwerer gefallen sein, als sein drahtiger Körperbau vermuten lässt.

Peschel zeigt auf den Röntgenbildern auf die siebte und achte Rippe links. Sein geübtes Auge erkennt dort gut verheilte Brüche. Ötzi muss einmal schwer gestürzt sein oder einen heftigen Schlag abbekommen haben. Sein unterstes Rippenpaar fehlt, infolge einer Laune der Natur hatte er nur deren elf. Und neben einigen Gelenken und der Wirbelsäule zeigt auch die linke Hand Zeichen von Abnützung. Der Archäologe weiß, warum.

„Als Rechtshänder hielt Ötzi seinen Bogen mit der Linken. Jedes Mal, wenn ein Pfeil von der gespannten Sehne schnellte, kam es zu einem Gegenschlag ins linke Handgelenk und in die rechte Schulter. An beiden Stellen hat Ötzi eine Arthrose, wie sie für Bogenschützen typisch ist. Er muss also häufig geschossen haben. Er könnte Jäger gewesen sein."

„Vom Jagen hatte er sicher eine Ahnung. Aber das schließt nicht aus, dass er Händler war. So schnell bringt ihr mich davon nicht ab. Wer viel unterwegs war, musste zur Selbstversorgung und zur Verteidigung mit Pfeil und Bogen umgehen können", sagt Peschel.

„Darauf kommen wir morgen oder übermorgen noch zurück, wenn wir ermitteln, warum Ötzi auf dem Tisenjoch war. Bleiben wir jetzt erst mal bei den medizinischen Befunden. Was wissen wir über seine Tätowierungen?"

61 sind es nach neuestem Stand. Ein Dutzend wurde in den Hautfalten des Bauchs erst unter forensischen Lampen mit einer speziellen Wellenlänge des Lichts sichtbar. Bei den meisten Mumien aus anderen Kulturkreisen, klärt Andreas Putzer uns auf, sind Tätowierungen als Stammeszeichen oder als Ornamente zu interpretieren. Bei Ötzi dagegen hatten sie offensichtlich eine medizinische Funktion. Fast alle befinden sich an Körperstellen, an denen er Arthrosen oder andere Schmerzquellen hatte: im Bereich der Galle, an den Lendenwirbeln, am Rücken, an den Sprunggelenken.

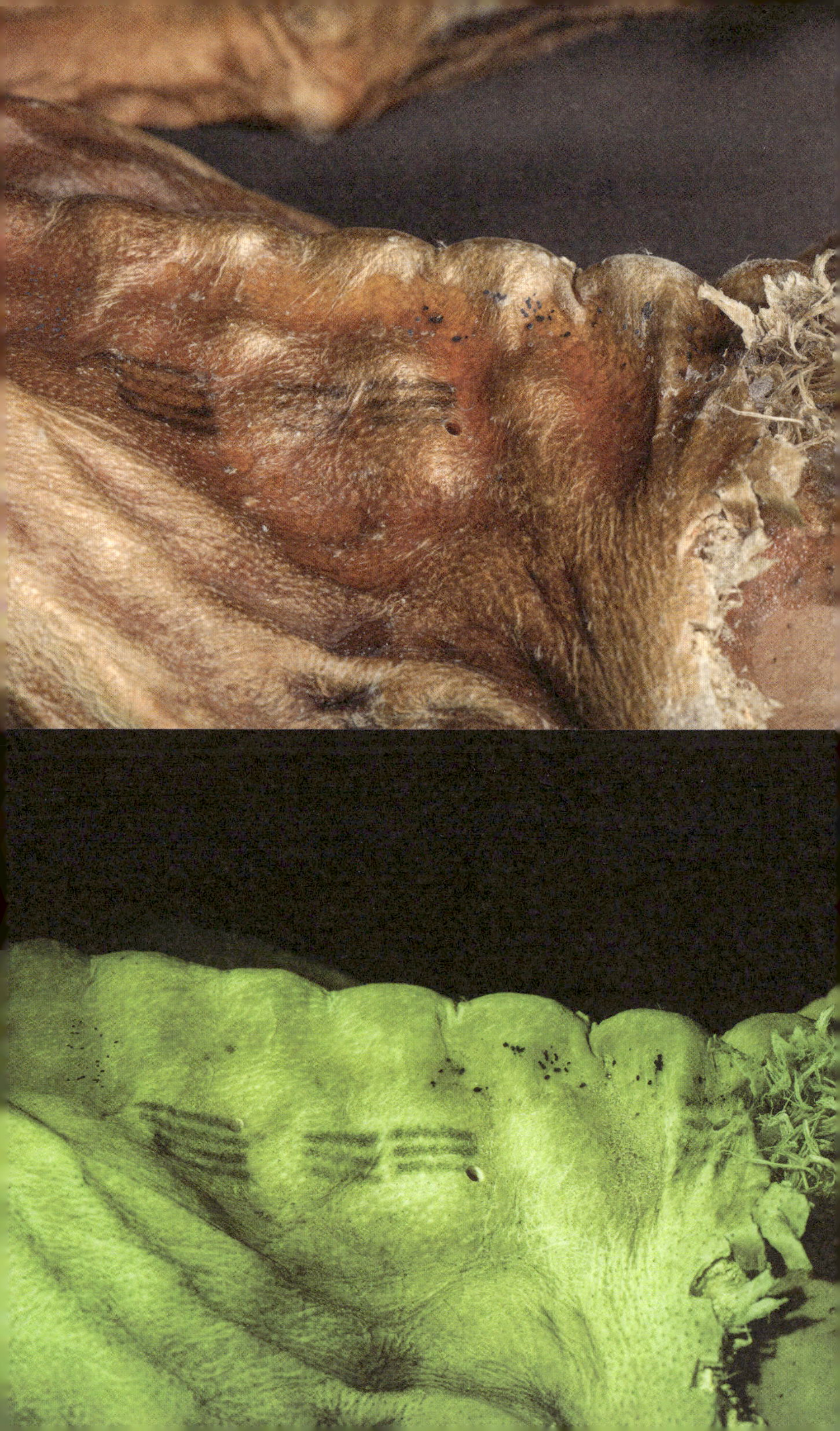

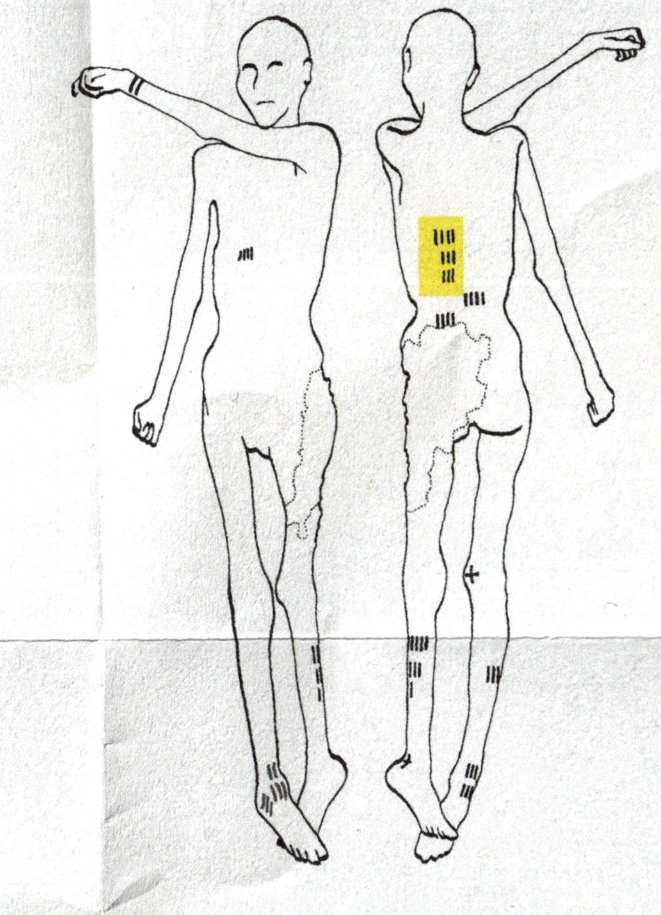

Die Tätowierungen

Ötzis Tätowierungen sind mit Kohlenstaub eingefärbt. Zwei der 61 Tattoos haben die Form kleiner Kreuze, alle anderen sind zu 17 Gruppen von je zwei bis vier parallelen Linien angeordnet. Unklar ist, ob die Tätowierungen mit Knochenspitzen gestochen oder mit einer feinen Klinge in die Dermis, die sogenannte Lederhaut, geschnitten wurden.

Demnach wurde den Tätowierungen eine ähnliche Wirkung wie der Akupunktur zugeschrieben, obwohl diese fernöstliche Heilmethode sich erst deutlich später entwickelt hat. Ein Ethnologe will sogar herausgefunden haben, dass 80 Prozent von Ötzis Tätowierungen auf den Akupunktur-Meridianen liegen. Gleich drei befinden sich auf der linken Wade, an einer Stelle, die als Akupunkturpunkt für Magen-Darm-Beschwerden gilt.

„Das kann Zufall sein. Der menschliche Körper ist voll von möglichen Akupunkturpunkten, da findest du überall etwas. Außerdem hat sich Ötzis Haut durch die Mumifizierung zusammengezogen, sodass wir nicht mehr feststellen können, wo genau die Tätowierungen damals gesetzt wurden."

„Wenn sie aber, wovon wir ausgehen, eine Therapie waren, sollten wir uns fragen: Hat er so viele, weil er unter mehr Beschwerden litt als ein Junger, oder sind sie ein weiterer Hinweis auf einen besonderen Status von Ötzi? Und gab es dort, wo er lebte, jemanden, der Tätowierungen machen konnte, ein lokales Tattoo-Studio? Oder hat er sie von irgendwoher mitgebracht, was wiederum dafür sprechen würde, dass er viel herumgekommen ist?"

„Das ist das Problem, vor das Ötzi nicht nur uns Archäologen stellt: Über seinen Körper und die Sachen, die er dabeihatte, wissen wir inzwischen viel. Aber wir wissen nicht, was damals Standard war und was außergewöhnlich. Wir haben fast nichts, mit dem wir Ötzi vergleichen könnten."

***

Als 2012 ein Forschungsteam zum ersten Mal Ötzis DNA rekonstruierte und mit jener von rund 2000 heutiger Menschen aus Europa, Nordafrika und der Arabischen Halbinsel verglich, stellte es bei Ötzi nicht nur eine Verwandtschaft mit der Bevölkerung von Anatolien fest, sondern auch auffallende Ähnlichkeiten mit jener von Sardinien und Korsika. Der Mann aus dem Eis ist ein Sarde, meldeten vorschnell einige Medien – vielleicht verführt von der geografischen Nähe zur Mine, in der das Erz für Ötzis Beil abgebaut worden war. Wenn seine Kupferklinge in der südlichen Toskana geschmolzen wurde, könnte er sie auf seinem Weg in die Alpen …

Als elf Jahre später ein weiteres Forschungsteam Ötzis Gene mit besseren Methoden ein zweites Mal untersuchte, bekam er erneut einen „Migrationshintergrund" zugeschrieben, dieses Mal tatsächlich mit einer Herkunft aus Anatolien. So weit wie die beiden geografischen Regionen liegen diese beiden Genanalysen nicht auseinander. Beide zeigen, dass Migration in der Geschichte der Menschheit ein ständig wiederkehrendes Phänomen war. Ötzis Migrationshintergrund lag allerdings weit zurück.

Als vor rund 11.000 Jahren die letzte große Kaltzeit endete und der Eispanzer, der den Norden Europas sowie den Alpenraum überzogen hatte, schmolz, kehrten Menschen in die wieder eisfreien Regionen zurück: „Ur-Europäer", die als Jäger und Sammler lebten. Vor rund 8000 Jahren breiteten sich, über den Balkan und das Mittelmeer kommend, Ackerbauern aus dem Orient auf dem europäischen Kontinent aus, darunter wahrscheinlich viele mit genetischen Wurzeln aus Anatolien. Sie vermischten sich mit den hier lebenden Jägern und Sammlern. Bereits zu Ötzis Zeiten dürften viele das Erbgut dieser beiden großen Gruppen – zugezogene Ackerbauern aus dem Orient und ureuropäische Jäger und Sammler – in sich getragen haben, wobei die Gene aus dem Orient bereits deutlich überwogen.

Zur Überraschung des Forschungsteams, das die zweite Genanalyse durchführte, stellte es bei Ötzi einen noch höheren Anteil von Genen einer orientalischen Urbevölkerung fest als erwartet: Ötzis Erbgut stammte laut dieser Analyse nur zu acht bis zehn Prozent von jagenden Ur-Europäern, aber zu 90, vielleicht sogar zu 92 Prozent von anatolischen Bauern. Das ist um einige Prozentpunkte mehr, als von bisherigen Skelettfunden bekannt war.

Waren Ötzis Urahnen erst kurz vor seiner Zeit nach Europa emigriert? Das dürfte auszuschließen sein. Das Forschungsteam glaubt über die Genanalyse herausgefunden zu haben, dass Ötzis anatolische Vorfahren sich mindestens 35, vielleicht sogar bis zu 56 Generationen vor ihm mit der Urbevölkerung Europas vermischt hatten. Sie wären demnach fast 1500 Jahre vor seiner Zeit eingewandert. Haben seine Vorfahren hier abgesondert von anderen gelebt, sodass es zu keiner weiteren Vermischung mit den Genen der Urbevölkerung vor Ort kam? Dem widerspricht, dass in Ötzis Genen kein Hinweis auf Inzucht gefunden wurde.

Auch war die Forschung zunächst davon ausgegangen, dass Ötzi als Mitteleuropäer hellhäutig war und erst im Zuge der Mumifizierung sein bekanntes Lederbraun bekommen hat. Laut der zweiten Genanalyse trug er jedoch nicht nur einen hohen Erbgutanteil von anatolischen Ackerbauern in sich. Er hatte auch schwarzes Haar und bereits zu Lebzeiten eine annähernd so dunkle Haut wie heute als Mumie.

„Müssen wir das als Motiv für den Angriff auf ihn in Betracht ziehen? Sein südländisches Aussehen, Fremdenhass?“

„Wir wissen noch nicht, ob er so viel anders ausgesehen hat als die Menschen um ihn herum. Laut diesen neuen Forschungen ist es wahrscheinlich, dass in der Kupferzeit viele, wenn nicht gar alle Menschen in Mitteleuropa eher dunkelhäutig waren", sagt Putzer. „Ötzis Hautfarbe, wie dunkel sie auch immer gewesen ist, können wir damit als Tatmotiv wohl ausschließen."

Die Genforschung geht davon aus, dass die Jäger und Sammler, die nach der Kaltzeit wieder den gesamten europäischen Kontinent bevölkerten, eine ähnliche Hautfarbe hatten wie viele Afrikaner. Jedenfalls ließen sich in den Genen kaum Unterschiede feststellen. Erst zur Bronzezeit hin seien die Europäer rasch hellhäutig geworden. Eine mögliche, in der Anthropologie diskutierte Erklärung: Als der Ackerbau sich durchsetzte und weniger Fleisch gegessen wurde, sank der Vitamin-D-Gehalt in den Nahrungsmitteln. Die Evolution passte sich an, indem sie in nur wenigen Jahrhunderten die Farbpigmente in der Haut von Menschen, die in nördlichen Breiten mit längeren Wintern lebten, reduzierte. So konnte die schwächere UV-Strahlung des Sonnenlichts leichter eindringen und die Defizite an Vitamin D durch eine körpereigene Produktion ausgleichen. Bei Ötzi war, wie vermutlich bei vielen seiner Zeit, diese genetische Anpassung erst noch im Gang.

Ötzis Zeitgenossen waren, die Archäologie belegt es mit Knochenfunden, eher klein. Mit seinen 160 Zentimetern dürfte er von durchschnittlicher Körpergröße gewesen sein. Circa 300 Jahre nach ihm kam es, Andreas Putzer fährt in seinem Einführungskurs in Menschheitsgeschichte fort, erneut zu einer Wanderbewegung. Hirten aus den Steppen diesseits des Urals drangen nach Zentraleuropa vor. Sie waren im Durchschnitt größer und kräftiger gebaut. Ihre Erbanlagen sind im Gen-Mix vieler heutiger Europäer die dritte große Komponente – nach denen von jagenden Ur-Europäern und anatolischen Ackerbauern. Der neue Menschenschlag verdrängte den alten, dem Ötzi noch angehört hatte. Nur auf Sardinien und Korsika, die wegen ihrer Insellage schwerer erreichbar waren, konnte er sich vereinzelt halten. Das erklärt, warum dort noch Gen-Strukturen nachzuweisen sind, die denen von Ötzi ähnlich sind – und warum man ihn kurzerhand zum Sarden erklärte.

„Er war also kein Sarde, auch kein Anatolier, sondern …?"

„Ein Einheimischer, aufgewachsen wahrscheinlich in dem Gebiet, das wir heute Eisacktal nennen. Später dürfte er im Vinschgau daheim gewesen sein."

***

In Zähnen und Knochen von Menschen und anderen höheren Säugern lagern sich chemische Elemente ein, die in der Erdkruste enthalten sind und mit fester und flüssiger Nahrung aufgenommen werden – darunter Blei und Strontium. Da sich die Zellstruktur des Zahnschmelzes ab dem vierten Lebensjahr eines Menschen nicht mehr verändert, ist der Zahnschmelz ein verlässliches Archiv der frühen Kindheit. Er bildet quasi die regionale Herkunft von dem ab, was ein Kind in seiner ersten Lebensphase zu sich genommen hat.

Die Isotope der chemischen Elemente haben ein für ihr Vorkommen typisches Muster. Auf der Nordseite der Alpen ziehen die Wolken meistens vom Atlantik herüber. Die Niederschläge daraus unterscheiden sich in den Sauerstoffisotopen des Wassers messbar von denen auf der Südseite der Alpen, wo die Niederschläge meist auf ein Mittelmeertief zurückgehen. Zudem variieren die chemischen Elemente je nach der Gesteinsart, die in der jeweiligen Umgebung vorherrscht.

Im Zahnschmelz von Ötzi fand ein Forschungsteam eine generelle Übereinstimmung mit den Niederschlägen südlich des Alpenhauptkammes. Doch passte er weder zum Kalkgestein der Dolomiten noch zu den Vulkangesteinen, die zwischen Bozen und Meran dominieren – wohl aber zum Phyllit im mittleren Eisacktal. Bodenproben aus nachgewiesenen Siedlungen der Kupferzeit sowie Quervergleiche mit dem Zahnschmelz späterer Menschen deuten darauf hin, dass Ötzi seine Kindheit im Mittelgebirge südwestlich der heutigen Stadt Brixen verbrachte.

„In welchem Alter er das Eisacktal verlassen hat und wo er sich später aufhielt, ist nicht zu rekonstruieren", bedauert Putzer. „Wohl aber, wo er seine letzte Lebensphase verbrachte."

Anders als im Zahnschmelz bleibt die Zellstruktur in Knochen nicht für immer stabil, sondern erneuert sich im Lauf von rund einem Jahrzehnt. Die Isotopenuntersuchung eines Knochens gibt daher Aufschluss, wo jemand seine letzten zehn Jahre lebte. Die Analysen eines Oberschenkelknochens von Ötzi lieferten zwar weniger klare Ergebnisse als die Zähne. Sie deuten aber auf einen Wohnort weiter im Westen hin, vermutlich im mittleren Vinschgau.

„Wenn das stimmt", fasst Horn die Erkenntnisse über Ötzis Herkunft zusammen, „so war er im Vinschgau kein Fremder. Man hat ihn dort gekannt, und er hat die Gegend gekannt. Der ist nicht zufällig ins Schnalstal und hinauf zum Tisenjoch gelaufen."

EIN MICKRIGER DOLCH UND EIN COMIC

„Über die regelmäßig wiederkehrenden Abläufe einer damaligen Sozialgemeinschaft liegen nur eingeschränkte Erkenntnisse vor. Grundsätzlich waren Männer zum damaligen Zeitpunkt mobiler als Frauen, jedoch eher nicht allein unterwegs. Handel und Tausch haben auch zum vermuteten Tatzeitpunkt bereits rege stattgefunden, auch über mehrere Hundert Kilometer hinweg. So überrascht es auch nicht, dass der beim Leichnam gefundene Feuerstein aus der Gardasee-Region stammt."

Kurz nachdem das deutsche Ehepaar Simon 1991 bei einer Wanderung auf dem Tisenjoch auf die Gletschermumie gestoßen war, fanden Archäologen im mittleren Vinschgau eine rätselhafte Marmorplatte aus der Kupferzeit. Sie lag in einer gotischen Kapelle in Latsch auf dem Sockel eines Altars, auf beiden Seiten sind Bilder und Ornamente eingraviert. Die zwölf Zentimeter dicke Platte ist der Rest eines Figurenmenhirs. Er wird einst aufrecht im Gelände gestanden haben: gut zwei Meter hoch, in seinen Umrissen einem Menschen ähnlich, oben wahrscheinlich in einer Rundung auslaufend, unten konisch. Baumeister der Gotik konnten in dem Menhir offensichtlich keinen besonderen Wert erkennen, hauten ihn zu einem Rechteck mit brauchbarem Maß zurecht und verwendeten ihn als Unterlage für den hölzernen Altartisch.

Rätselhaft an der Platte ist eine in den Stein eingearbeitete Szene wie aus einem Comic: Ein etwa 25 Zentimeter großes Strichmännchen spannt einen Bogen, der eingelegte Pfeil zielt auf eine vor ihm stehende kleinere Figur. Zeigt die Szene, wie Ötzi erschossen wurde?

Falls die Isotope in seinem Oberschenkelknochen tatsächlich belegen, dass Ötzi im mittleren Vinschgau das letzte Viertel seines Lebens verbrachte, könnte Latsch sein Wohnort gewesen sein. Wahrscheinlich gab es im Vinschgau zur Kupferzeit eine größere Zahl an Siedlungen. Latsch ist eine der wenigen, die nachzuweisen ist. Drei weitere – Goldrain, Vetzan und Ganglegg – werden weiter westlich vermutet, eine vierte – Juval – rund zehn Kilometer östlich auf einem kleinen Plateau oberhalb der Schlucht, die den Eingang ins Schnalstal bildet. Zu Juval passen die Isotope nicht.

„Menhire", klärt Andreas Putzer uns auf, „standen in der Kupferzeit meist zu zweit oder zu dritt in der Nähe von Siedlungen. Wahrscheinlich dienten sie dem Ahnenkult und stellten Vorfahren dar, die für eine Siedlung von besonderer Bedeutung waren. Menhire markierten einen mythologischen Ort, an dem die Dorfgemeinschaft Versammlungen abhielt und Opfer- oder andere Kulthandlungen zelebrierte – vielleicht um eine Fehde zu beenden, der Vorfahren zu gedenken oder Götter anzurufen. Aus Grabbeigaben können wir schließen, dass man schon damals an ein Jenseits oder an höhere Mächte glaubte."

Der Menhir von Latsch gehört zur sogenannten Etschtal-Gruppe, einer von sechs, die die Archäologie im südlichen Alpenbogen zwischen Ligurien und Venetien unterscheidet.

Schuss-Szene

Die Schuss-Szene ist auf dem 77 mal 107 Zentimeter großen Bruchstück des Menhirs zwischen Beilen, Dolchen und vielen anderen Gravuren nur schwer zu erkennen. Zur besseren Sichtbarkeit ist sie hier eingefärbt.

Die Siedlungen

- ⌂ Kupferzeitliche Siedlungen
- × Heutige Dörfer und Städte
- ⁄⁄ Übergänge

Von der Etschtal-Gruppe wurden an elf Orten 22 Exemplare gefunden. Es gibt sie in drei Varianten: neutrale oder asexuelle ohne geschlechtsspezifische Zeichen; weibliche mit angedeuteten Colliers und sonstigem Schmuck; deutlich größere männliche mit einer eingravierten Collage aus Keulen, Dolchen, Beilen, Tiergeweihen.

„Viel hat sich seit damals nicht verändert", spottet Oliver Peschel.

Der Menhir von Latsch ist männlich. Obwohl nur das Mittelstück erhalten geblieben ist, sind mindestens vier Beile, drei Dolche ähnlich denen der Remedello-Kultur, zwei Hirsche und ein Hund zu erkennen sowie auf der Rückseite ein stilisierter Mantel mit Streifenmuster und Gürtel. Solche Mäntel sind typisch für männliche Menhire der Etschtal-Gruppe, mit diesem Muster waren sie offenbar ein Statussymbol. Auch Ötzi hatte auf dem Tisenjoch einen Mantel aus Streifen von Schaf- und Ziegenfellen bei sich. Seine akkurat gesetzten Nähte zeugen von einem großen handwerklichen Geschick. Eine so aufwendig hergestellte Bekleidung war in der Kupferzeit vermutlich nicht für jedermann und jede Frau üblich.

Einige der Bilder und Dekorationen auf dem Menhir überlagern sich. Archäologen schließen daraus, dass sie nicht in einem Zug in den Marmor eingearbeitet wurden, sondern in verschiedenen Phasen über eine längere Zeit. Auch die Szene mit den beiden Strichmännchen ist offenbar erst nachträglich hinzugekommen.

„Fänden wir diese Darstellung woanders, würden wir sie nicht beachten", sagt Alexander Horn. „Wir finden sie aber in der Region, in der Ötzi erschossen wurde, und in der Siedlung, in der er gelebt haben könnte."

Der Mantel

Ötzis Mantel, oder was sich von ihm erhalten hat, ist aus verschiedenfarbigen Fellstücken zusammengenäht. Die hellen Teile sind wahrscheinlich Schaf-, die dunklen Ziegenfelle.

„Aber die Gravuren sind jünger. Die ältesten datieren nicht vor 3000 vor Christi, die neueren sogar deutlich später. Zwischen Ötzis Tod und der Einarbeitung der Schuss-Szene in den Menhir liegen wahrscheinlich Jahrhunderte“, gibt Putzer zu bedenken. „Wäre hier Ötzis Tod aufgezeichnet worden, müsste seine Geschichte zuvor über viele Generationen mündlich weitererzählt worden sein.“

„Seit Jack the Ripper sind auch eineinhalb Jahrhunderte vergangen. Seine Prostituiertenmorde im viktorianischen London beschäftigen die Medien aber noch immer, obwohl wir seitdem unzählige Tötungsdelikte an Prostituierten hatten. Es gibt eben Fälle, die sich in der kollektiven Erinnerung festsetzen. Ötzi wird nicht der Einzige gewesen sein, den man hinterrücks mit Pfeil und Bogen erschossen hat. Aber es ist vermutlich auch nicht jeden Tag einer aufs Tisenjoch gerannt und hat einen anderen umgebracht. Und je nachdem, wer der Schütze war, könnte man sich noch lange erzählt haben: A Hund war der schon. Hat nicht aufgegeben und den Ötzi bis ganz ’nauf verfolgt.“

Sollte die Szene auf dem Menhir tatsächlich das Geschehen auf dem Tisenjoch illustrieren, müsste unten im Tal davon berichtet worden sein. Vom Täter selbst, prahlend? Welches Licht würfe das auf Ötzi? Hat man ihn gehasst und es waren alle froh, dass seine Zeit abgelaufen war? Jedenfalls müsste sein Tod im Narrativ der Siedlung von großer Bedeutung gewesen sein. Nur so wäre zu erklären, dass man das Ereignis auf einem der Dorfgemeinschaft geradezu heiligen Stein verewigte, vielleicht Jahrhunderte später.

„Mir ist grad fad, jetzt hau’ ich da mal was rein – so wird’s nicht gewesen sein.“

„Aber wir nehmen doch an, dass Ötzi einen besonderen Status hatte. Würde die Szene auf dem Stein tatsächlich seine Tötung zeigen, würde ich mir erwarten, dass er mit einem Dolch oder Beil abgebildet ist, um diesen Status anzudeuten. So wie auf jüngeren Darstellungen wichtige Persönlichkeiten mit Schild oder Schwert zu sehen sind", wirft Putzer ein. „Aber schaut euch die Figur auf dem Menhir doch an: leere Hände, nackt."

***

Wo es in der Kupferzeit Siedlungen gab, lagen sie erhöht auf Kuppen oder natürlichen Geländestufen. Die Siedlung von Latsch befand sich auf einer Terrasse am Fuß des Vinschgauer Sonnenbergs, einige Meter oberhalb des mit Auwald bewachsenen Talbodens. Dort war sie vor dem Hochwasser der Etsch sicher. Bei archäologischen Grabungen kam nur wenig zutage. Lehmfundamente einer Hütte und Reste einer Herdstelle legen den Schluss nahe, dass die Siedlung über längere Zeit bestanden haben muss. Verkohlte Erdschichten enthielten Samen von Schlafmohn sowie Körner von Gerste und Einkorn, neben Emmer die häufigsten Getreidesorten. Wahrscheinlich verstanden sich die Menschen der Kupferzeit bereits darauf, Getreide zu Brot zu backen.

„Was ist mit Wein?"

„Später", sagt streng der Kriminaloberrat. „Unser Archäologe sollte uns noch über die Lebensumstände zu Ötzis Zeiten berichten. Der Wein muss warten."

Also setzt Andreas Putzer zu einem längeren Vortrag an. Kupferzeitliche Siedlungen bestanden vermutlich aus zehn bis 15 Holzhäusern in Pfostenbauweise. Fundamente und Fußböden waren aus gestampftem Lehm, die Dächer könnten mit Schindeln gedeckt gewesen sein. An Schweizer Seen wurden Palisaden gefunden, mit denen die Siedlungen eingefriedet waren. In den Zentralalpen gibt es dafür noch keine Nachweise.

In Latsch wurden auch Knochen von Hirschen, Schafen, Ziegen, einem Schwein und einem großen Rind freigelegt, vermutlich einem Ochsen oder Stier. Die Knochen eines Hundes könnten ebenfalls aus der Zeit stammen. Dagegen fehlen organische Materialien wie Leder, Hanf und Holz. Sie haben die 5000 Jahre nicht überdauert. Eine Ahnung vom Leben in der Siedlung geben nur Keramikscherben, ein sichergestelltes Steinbeil sowie Dolche und Pfeilspitzen aus Silex.

Wahrscheinlich wurde die Milch von Kühen, Schafen und Ziegen bereits zu Käse verarbeitet. Der Viehbestand dürfte aber eher klein gewesen sein. Die Tiere weideten in den nahen Wäldern, an Weiden im Hochgebirge war noch kein Bedarf. Auch für die Jagd auf Hirsche und Rehe musste man nicht hoch hinauf, sie äsen auch heute in Talnähe. Steinwild hingegen lebt nur in großen Höhen. Vermutlich gingen die Menschen der Kupferzeit meistens zu mehreren auf die Jagd. Ob sie nur eine Sache der Männer war oder auch Frauen teilnahmen, ist nicht bekannt. Allerdings legen die Menhire eine Aufgabenverteilung nahe, die sich in einem konservativen Weltbild bis heute gehalten hat.

Wurde ein größeres Wild erlegt, dürfte das Fleisch unter allen in der Siedlung aufgeteilt worden sein. Häufiger als Fleisch gab es aber Getreide und Hülsenfrüchte. Getreide war im Vinschgau bereits 2000 Jahre vor Ötzi bekannt. Die Ackerflächen wurden wahrscheinlich durch Brandrodung gewonnen. Sie reicherte den Boden mit Stickstoff an. Versuchsfelder einer Universität in Deutschland erbrachten mit dieser Methode bis zu 5000 Kilogramm Getreide pro Hektar, allerdings nur in den ersten beiden Jahren. Dann nahmen die Erträge ab und es brauchte neue Felder. Ein gezielter Einsatz von Stallmist zur Düngung ist in den Alpen erst ab der Bronzezeit bekannt.

Und in dieser Umgebung soll Ötzi über Jahre gelebt haben, obwohl er kein Bauer war? Womit hätte ein Mann wie er seine Tage verbracht?

Was Ötzi an Fellen und Leder bei sich hatte, war perfekt verarbeitet, mit regelmäßigen und sauberen Nähten. Seine Bekleidung, die Schuhe und auch der lederne Köcher waren offenbar nicht von jemandem hergestellt worden, der oder die nur gelegentlich mit diesen Materialien arbeitete. Wahrscheinlich gab es ein bereits hochentwickeltes Handwerk. Allerdings ist offen, ob in einer Siedlung wie Latsch Kürschner, Näherinnen und Schuhmacher arbeiteten oder ob Ötzi seine Bekleidung von auswärts bezogen hatte. Er selbst verstand sich offenbar nicht auf Lederarbeiten. Sein Mantel war an einigen Stellen gerissen und – Putzer zeigt die Stellen auf Fotos – mit Grashalmen geflickt worden, stümperhaft und vermutlich von Ötzi selbst.

Könnte er ein Erzsucher oder Kupferschmied gewesen sein? Diese These kam auf, nachdem in Ötzis Kopfhaaren Spuren von Arsen nachgewiesen worden waren. Arsen wird unter anderem bei der Verarbeitung von Kupfer freigesetzt. Allerdings war zu seiner Zeit in diesem Teil der Alpen die Metallschmelze noch unbekannt. Als ein Forscher Ötzis Haar mit dem seines eigenen, neunjährigen Sohnes verglich, fand er auch dort Arsen, sogar in noch höherer Konzentration. Die Erklärung: In kleinen Mengen kommt es fast überall in der Erdkruste vor und gelangt auch ins Trinkwasser.

Der geflickte Mantel

Das Leder von Ötzis Mantel war an einigen Stellen gerissen und notdürftig mit Grashalmen geflickt worden (weißer Pfeil). Vermutlich von Ötzi selbst.

Oder war Ötzi ein Händler von Feuerstein, hat ihn vielleicht sogar bearbeitet? In Latsch dürfte es mindestens einen Handwerker gegeben haben, der sich darauf verstand. Jedenfalls zeigen das die vielen Silexsplitter, die bei den archäologischen Grabungen gefunden wurden. Sie waren offenbar der Abfall aus der Produktion von Dolchen und Pfeilspitzen.

„Wenn du damit Handel treibst, hast du besseres Material bei dir als Ötzi", glaubt Putzer. „Sein Dolch aus Silex war abgenutzt, den hätte er wegschmeißen können."

Die Qualität des Dolchs steht in einem auffallenden Gegensatz zum Kupferbeil. Seine Klinge ist nur knapp sieben Zentimeter lang, deutlich kürzer als bei vergleichbaren Dolchen aus der Kupferzeit. Vermutlich war sie aus einer früheren, größeren Klinge recycelt worden. Der vorderste Teil der Spitze war abgebrochen, die Schneide oft nachgeschärft worden. Während die Klinge selbst von erkennbar geübter Hand zurechtgeschlagen worden war, ist das Nachschärfen mit einem Druckstab eher laienhaft erfolgt. Wahrscheinlich von Ötzi selbst.

Die Monti Lessini östlich des Gardasees gelten als die Feuerstein-Region der Kupferzeit. Silex von diesem Gebirgszug ist an zahlreichen Fundstellen bis an die Donau nachzuweisen. Von den sechs Silex-Objekten, die Ötzi bei sich hatte, kamen aber mindestens vier aus Gebieten westlich davon: die Dolchklinge aus den lombardischen Voralpen zwischen Garda- und Iseosee; ein zum Abhobeln von Holz geeigneter Schaber sowie ein zum Bohren geeigneter, spitzer Feuerstein von einer Gesteinsschicht südwestlich von Trient; eine Pfeilspitze vom Nonsberg nordwestlich von Trient; eine zweite Pfeilspitze vom Monte Baldo östlich des Gardasees.

Der Dolch

Ötzis Dolch hat eine abgenutzte Klinge aus Feuerstein. Sie steckt in einer Kerbe des Holzgriffs und ist mit Tiersehnen befestigt. Die zwölf Zentimeter lange Scheide aus geflochtenem Lindenbast war mit einem Lederstreifen an Ötzis Gürtel gebunden. Er verwendete den Dolch wahrscheinlich vor allem zum Schneiden. Als Waffe war er mit dieser Klinge kaum geeignet.

Der Druckstab

Der Druckstab oder Retuscheur besteht aus einem elf Zentimeter langen entrindeten Ast einer Linde, in den ein Teil eines Rehbockgeweihs eingetrieben wurde. Die Spitze war über dem Feuer gehärtet worden und erinnert an einen Bleistift. Damit lassen sich winzige Partikel eines Feuersteins abdrücken (retuschieren), somit eine Silexklinge nachschärfen.

1 cm

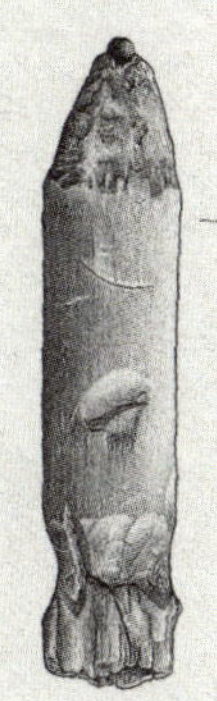

Der Schaber

Der Schaber aus Feuerstein ist circa sieben Zentimeter lang und liegt gut in der Hand. Mit seinen scharfen Kanten eignet er sich gut zum Schneiden, Schaben und Kratzen. Wahrscheinlich wollte Ötzi mit diesem Stein seinen Bogenstab noch abhobeln und glätten.

Der Bohrstift

Mit dem rund fünf Zentimeter langen Bohrstift hat Ötzi Knochen, Geweihspitzen und Holz bearbeitet.

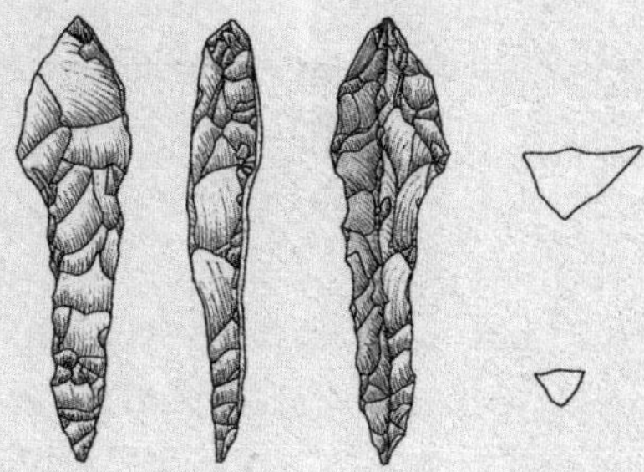

Die unterschiedliche Herkunft zeigt zweierlei: Es gab zu Ötzis Zeiten offenbar ein ausgedehntes Vertriebsnetz, über das Silexknollen aus verschiedenen Minen zu den auf Feuerstein spezialisierten Handwerkern gebracht wurden. Und wäre Ötzi ein Händler von Silex gewesen, hätte er sich vermutlich auf eine Abbauregion konzentriert – musste ein Händler doch seine Ware meist selbst transportieren.

Oder war Ötzi das Oberhaupt seiner Siedlung? Der Vinschgau war wegen des leicht zu überquerenden Reschenpasses vermutlich bereits zu seiner Zeit eine bevorzugte Passage über die Alpen. Wer hier durchzog, etwa als Händler, tat vielleicht gut daran, im Dorf vorzusprechen, mit einem Gastgeschenk in der Hand. Aber es wird nicht jeden Tag jemand gekommen sein und einem Dorfvorsteher damit jenen Status verliehen haben, der sich von Ötzis Kupferbeil ableiten lässt.

***

Ein Outlaw war Ötzi wohl auch nicht. Dafür war sein körperlicher Zustand zu gut, der Mantel zu akkurat genäht und das Beil zu wertvoll. Doch warum hatte er, falls die Spuren in seinen Knochen und Zähnen richtig interpretiert wurden, seine Sippe im Eisacktal verlassen? Wurde er ausgestoßen? Wie hätte er es als Zugezogener geschafft, im Vinschgau zu einem höheren Status zu kommen? War er dort ein Einzelgänger oder in einen Familienverband integriert? Die ältesten in Latsch freigelegten Gräber sind erst aus der Eisenzeit, rund 2000 Jahre nach Ötzi. Aus seiner Zeit ist im gesamten Vinschgau bisher weder ein Grab noch ein menschlicher Knochen gefunden worden. Hätte Ötzi Kinder gezeugt, so wäre deren Erbgut nach aktuellem Stand nirgends nachzuweisen.

Auch zu seinen nahen Vorfahren ist jede Verbindung verwischt. Bei Vahrn nördlich der Stadt Brixen, keine 20 Kilometer von Ötzis möglichem Geburtsort im Eisacktal entfernt, wurde zwar ein Gräberfeld aus der Zeit um 3400 vor Christus freigelegt – mit Fragmenten eines Steinbeils, mit Dolchen und Pfeilspitzen aus Silex vom Remedello-Typ sowie anderen Grabbeigaben. Die einzigen menschlichen Überreste sind aber die Aschen von Feuerbestattungen, abgelegt zwischen ringförmig drapierten Steinen. Aus einer 5000 Jahre alten Asche eine menschliche DNA und Verwandtschaftslinien zu rekonstruieren ist jedoch nicht möglich.

Die Menschenknochen, die Ötzi zeitlich am nächsten sind, wurden im Etschtal südlich von Bozen gefunden. In einer Nische am Fuß einer Felswand lagen die Skelette zweier Männer, laut einer DNA-Analyse höchstwahrscheinlich Vater und Sohn. Der Sohn hielt ein Kind im Arm, das kurz vor oder nach der Geburt gestorben war. Die Männer hatten etwa 300 bis 500 Jahre nach Ötzi gelebt, und sie waren mit rund 180 Zentimetern deutlich größer als er. Offenbar trugen sie bereits Gene groß gewachsener Menschen in sich, die aus dem Osten gekommen waren. Ihr Erbgut dominierte nach und nach den Genpool der Menschen auf dem europäischen Kontinent, in Ötzis DNA ist es aber noch nicht nachzuweisen.

Aus Grabfunden erfährt die Forschung wenig über seine Zeit. Wie groß waren die Familien und welche Konventionen hielten sie zusammen? Lebten Frauen und Männer monogam oder in offenen Beziehungen? Kannten sie Eifersucht, wenn er oder sie fremdgingen? Wie häufig war Gewalt?

„Wir wissen viel über Ötzi, aber fast nichts über das Umfeld, in dem er lebte. Um uns eine Vorstellung von seiner Zeit zu machen, müssen wir weit ausholen", bedauert Putzer.

In einigen in Deutschland freigelegten Gräbern aus der Kupferzeit lagen Frauen neben Kindern – das Gesicht häufig einander zugewandt, als könnten sie sich auch im Tod noch ansehen. Genetische Untersuchungen ergaben, dass auch die Väter nicht weit davon entfernt lagen. Das spricht für eine starke familiäre Beziehung. Kann man sie auch für die Region vermuten, in der Ötzi lebte?

In der Gemeinde Asparn an der Zaya in Niederösterreich legten Archäologinnen und Archäologen ein Massengrab aus der Zeit um 5000 vor Christus frei. Darin lagen zahlreiche Skelette von Männern und Kindern, fast alle mit eingeschlagenem Schädel. Ein ähnlicher Fund ist aus Talheim bei Heilbronn in Baden-Württemberg bekannt. Dort war offenbar ein ganzes Dorf massakriert worden. 34 Männer und Kinder wiesen zertrümmerte Schädel auf. In beiden Fällen fehlten weibliche Skelette. Die Wissenschaft vermutet dahinter einen organisierten Frauenraub. Die Täter entführten die geschlechtsreifen Frauen und brachten, vielleicht um Vergeltung zu verhindern, die übrige Bevölkerung um.

War den Menschen der Kupferzeit bereits bekannt, dass eine auf den eigenen Familienclan beschränkte Fortpflanzung häufiger zu Kindern mit Fehlbildungen führte? Holte eine Dorfgemeinschaft sich deshalb Frauen aus anderen Siedlungen, notfalls mit Gewalt? Raubzüge im großen Stil sind aus den Alpen nicht bekannt. Die archäologische und anthropologische Forschung geht aber davon aus, dass Frauenraub auch hier vorkam. Konflikte zwischen Siedlungsgruppen dürften entsprechend häufig gewesen sein. Spielte ein solcher Konflikt auch im Fall von Ötzi eine Rolle?

***

Falls er im mittleren Eisacktal aufwuchs, war ihm ein vergleichsweise dichtes Siedlungsgebiet vertraut. Die Archäologie geht von mindestens zehn kupferzeitlichen Siedlungen aus, die sich von den Terrassen des Mittelgebirges nahe der heutigen Stadt Brixen bis zum Hochplateau des Ritten nördlich von Bozen erstreckten. Von Villanders nach Feldthurns, mögliche Geburtsorte von Ötzi, sind es kaum zehn Kilometer. Jede Siedlung könnte von rund hundert Menschen eines Familienclans bewohnt gewesen sein. Die Zahl ist eine grobe Schätzung, ausgehend von den wenigen freigelegten Fundamenten der Häuser. Wie groß die Bevölkerungsdichte tatsächlich war, ist unbekannt.

Lebte man im Normalfall in Frieden miteinander oder doch häufig im Streit um Grenzen, um Frauen, um Jagdgebiete oder anderen Besitz? Siegten dann immer die Stärkeren, oder gab es eine Instanz, die schlichtete? Jäger und Sammler konnten weiterziehen, wenn sie Konflikten aus dem Weg gehen wollten. Als die Menschen aber sesshaft wurden, brauchten sie Regeln, um sich nicht ständig die Köpfe einzuschlagen, und eine Autorität, die für deren Einhaltung sorgte. Es ist anzunehmen, dass die in einem Siedlungsgebiet lebenden Familienclans sich einem Anführer unterordneten.

War Ötzi im Vinschgau in eine solche Anführerrolle hineingewachsen? Wie passt der mickrige Dolch in dieses Bild? Hätte man Ötzi, den Zugewanderten, in dieser Rolle überhaupt akzeptiert?

Nach einem langen Tag in der Kupferzeit wird der Archäologe zum heutigen Küchendienst verpflichtet und die Stunden zuvor gestellte Frage endlich für zulässig erklärt: Was ist mit Wein?

OLIO

FINO
1
naturale

ZWEI PFEILE UND KEIN BOGEN

„Auffallend ist der Umstand, dass der Bogen nicht einsatzbereit war und er lediglich zwei funktionstüchtige Pfeile mit sich führte. Zwölf Pfeilschäfte wurden mitgeführt, bei denen noch erhebliche Vorarbeiten notwendig gewesen wären. Das deutet nicht auf eine Anwesenheit vor Ort zur unmittelbaren Jagdausübung hin."

Für seinen neuen Bogen verwendete Ötzi den Stamm einer Eibe. Ihr dunkler, harter Kern ist steif, das äußere, helle Splintholz elastisch. Wegen dieser Mischung gilt die Eibe als ideales Bogenholz. Die Aufnahme des Computertomografen, von der bereits die Rede war, zeigt einen auffallend knappen Abstand zwischen den Jahresringen. Der von Ötzi ausgesuchte Baum muss sehr langsam gewachsen sein, das Holz war deshalb besonders zäh. Fand er den Baum zufällig am Weg oder hat er gezielt danach gesucht?

Der Bogenstab war für Ötzis Körpergröße ungewöhnlich lang und nur unter großem Kraftaufwand zu spannen. Ein Experimentalarchäologe schoss mit einem Nachbau 1000 Pfeile ab, ohne dass das Holz erkennbar an Elan verlor. Die Pfeile durchschlugen eine Schweinehälfte aus 20 Metern Entfernung. War eine derart potente Waffe neben dem Kupferbeil ein weiteres Statussymbol? Oder glaubte Ötzi, demnächst einen besonders starken Bogen zu brauchen?

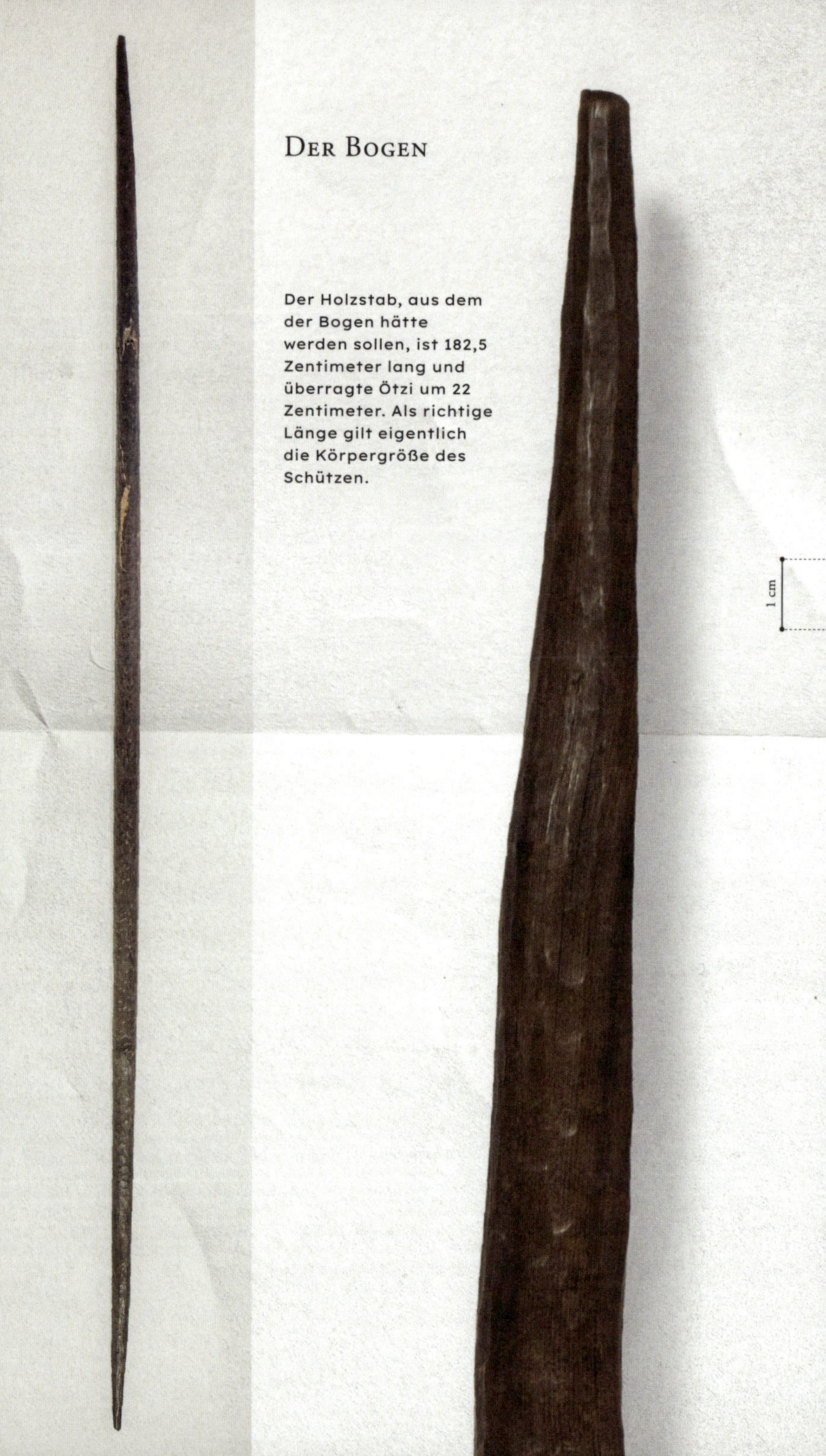

Der Bogen

Der Holzstab, aus dem der Bogen hätte werden sollen, ist 182,5 Zentimeter lang und überragte Ötzi um 22 Zentimeter. Als richtige Länge gilt eigentlich die Körpergröße des Schützen.

Die Bogensehne

Die Bogensehne ist circa zwei Meter lang und aus drei Strängen einer Beinsehne eines nicht mehr bestimmbaren Tieres gedrillt. Ötzi hatte sie aufgewickelt und trug sie in seinem Köcher mitsamt den Pfeilen mit sich.

Die Eibe hatte wahrscheinlich einen Durchmesser von circa zehn Zentimetern. Ötzi musste sie fällen, den Stamm auf das gewünschte Maß kürzen, zweimal der Länge nach spalten und eines der so gewonnenen Viertel mit seinem Kupferbeil so lange bearbeiten, bis der Stab die richtige Form hatte: in der Mitte dicker, zu den Enden hin dünner. Das alles ist in kurzer Zeit nicht zu schaffen. Bei einem Versuch mit einem Nachbau von Ötzis Kupferbeil dauerte allein das Fällen einer Eibe dieser Dicke eine Dreiviertelstunde.

Wie passt das zu der in der Ötzi-Forschung aufgestellten These, er habe sich den Bogenstab in aller Eile auf dem Weg zum Tisenjoch zurechtgehackt, nachdem er seinen eigentlichen Bogen verloren hatte? Diese These ist entstanden, weil der neue Bogen nicht fertiggestellt war. Er war nicht glattgeschabt, an einigen Stellen war das Holz noch zu dick, an den Enden fehlten die Kerben, die ein Abrutschen der Sehne verhindern. Und es fehlte die Sehne selbst. Ötzi hatte zwar eine Sehne in seinem Köcher verstaut, Röntgenbilder von den Enden des Holzstabes zeigen aber, dass sie nie eingespannt war.

„Erfahrene Bogenbauer haben uns versichert, dass nur im äußersten Notfall frisches Holz verwendet würde. Denn es passt sich der Biegung an und verliert dann an Spannung", berichtet Andreas Putzer. Am besten eigne sich ein Holz, das mindestens einige Monate oder gar ein ganzes Jahr Zeit zum Trocknen hatte. „Außerdem war dem Team, das Ötzis Bogenstab restaurierte, am Holz ein ranziger Geruch aufgefallen. Die Ursache war nicht herauszufinden. Aus ethnologischen Studien wissen wir aber, dass Naturvölker ihr Bogenholz mit Tierfetten einreiben, damit es elastisch bleibt."

Ötzi hatte ein Stück fettes Steinbockfleisch bei sich, das er später auf dem Tisenjoch gegessen hat. Hat er damit das Bogenholz eingerieben, nachdem er es erst unterwegs aus dem Eibenstamm gehackt hatte? Oder hatte er den halbfertigen Bogen bereits bei sich, als er aufbrach?

„Warum hätte er sich mit einem Bogen auf den Weg machen sollen, mit dem er noch nichts anfangen konnte?", fragt Oliver Peschel. „Eine Sehne kann reißen, eine zweite Sehne dabeizuhaben ist sinnvoll. Aber dass ein Bogenstab bricht oder verloren geht, ist eher unwahrscheinlich. Und für diesen unwahrscheinlichen Fall neben dem Bogen einen unfertigen Rohling mitzuschleppen ist recht unpraktisch."

In Ötzis Köcher befanden sich 14 Pfeile, aber nur zwei haben eine mit Birkenteer und Tierhaaren befestigte Spitze aus Silex sowie hinten die für einen stabilen Flug notwendige Befiederung. Eine davon wurde von einem Linkshänder eingefügt. Zumindest diesen Pfeil hat der Rechtshänder Ötzi nicht selbst angefertigt. Die übrigen zwölf Stück in seinem Köcher sind nur Schäfte aus entrindeten Zweigen des Wolligen Schneeballs. An einem Ende ist eine Kerbe für die Bogensehne eingeschnitten, aber es fehlen sowohl die Spitzen als auch die Federn. Der Wollige Schneeball liefert das perfekte Material für Pfeilschäfte. Seine Zweige wachsen meist kerzengerade. Oder sie lassen sich, solange das Holz frisch ist, über Feuer oder auf einem glühend heißen Stein geradebiegen. Auf dem Schnidejoch, einem hochalpinen Übergang zwischen den Schweizer Kantonen Wallis und Bern, wurden 2007 unter anderem drei Pfeil-Rohlinge aus der Kupferzeit gefunden – auch sie aus dem Holz des Wolligen Schneeballs. Der Fund bestätigt die Vermutung, dass ein Vorrat an Pfeilschäften zur Standardausrüstung jener gehörte, die länger unterwegs waren.

Die Pfeile

Einer der beiden fertigen Pfeile ist ein Komposit-Modell: Die aufwendig herzustellende Befiederung befindet sich auf einem separaten Teil des Schafts und kann wiederverwendet werden, sollte der vordere Teil mit der Silex- oder Knochenspitze brechen.

Der Zunderschwamm

Zunderschwamm ist ein Baumpilz, der sich mit dem Funkenschlag von Feuersteinen entzünden lässt. Pyritkristalle am Schwamm zeigen, dass Ötzi damit tatsächlich Feuer gemacht hat. Bei schlechtem Wetter wird er allerdings schnell feucht und unbrauchbar.

1 cm

Die Birkenrindengefäße

Die Gefäße aus Birkenrinde sind mit Lindenbast vernäht und circa 20 Zentimeter hoch. Kohle- und Aschespuren in einem der beiden Gefäße scheinen zu belegen, dass Ötzi die Glut von seinem letzten Lagerfeuer mit sich trug.

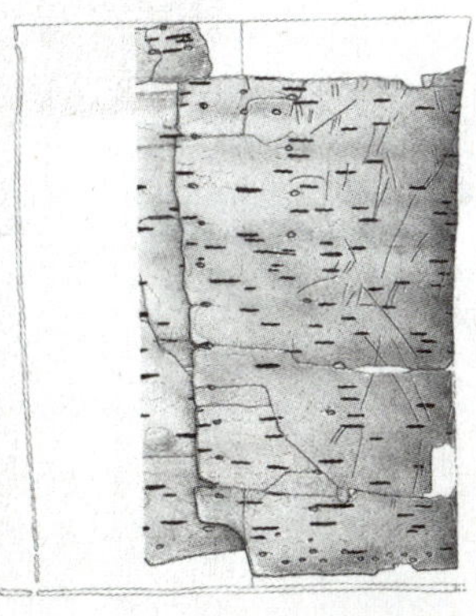

An Ötzis Schäften sind Brandstellen zu erkennen. Würde er die Zweige erst unterwegs geschnitten haben, hätte er Feuer machen müssen. Zwar hatte er dafür alles Nötige dabei. In seiner Gürteltasche lag ein Stück Zunderschwamm, und in einem der beiden Gefäße aus Birkenrinde führte er vermutlich glühende Holzkohle mit sich. Ahornblätter dienten anscheinend als Isolierung. Aber hätte Ötzi die Zeit gehabt, unterwegs Feuer zu machen und zwölf Schäfte geradezubiegen? Und warum war er derart unvorbereitet zum Tisenjoch aufgebrochen – mit einem Bogen, mit dem er noch nicht schießen konnte, und mit nur zwei funktionstüchtigen Pfeilen?

***

„Für Ötzis mangelhafte Ausrüstung gibt es einige schräge Erklärungen", amüsiert sich Andreas Putzer. „Ein italienisch-amerikanisches Team aus Archäologen, Anthropologen und einer Historikerin hat die These aufgestellt, Ötzi sei nicht am Tisenjoch gestorben, sondern irgendwo weiter herunten. Seine Leiche habe man dann geräuchert, in Eis gepackt und vor dem ersten Schneefall im Herbst aufs Tisenjoch getragen, um sie oben in einer rituellen Zeremonie beizusetzen. Seine aus Grasbündeln zusammengesetzte Matte war laut dieser These kein Regenschutz, sondern ein Leichentuch. Und der Bogen ohne eingespannte Sehne sowie der Köcher mit Pfeilen und Rohlingen waren, wie auch das Kupferbeil und die übrige Ausrüstung, nicht für den Gebrauch bestimmt, sondern Grabbeigaben."

Ein amerikanischer Ethnologe spekulierte, Ötzi könnte von seiner Sippe als Opfergabe auserkoren und für ein Opferfest aufs Tisenjoch gebracht worden sein. „Aber der Mistkerl hat sich gewehrt und wollte davonlaufen", spottet Alexander

Horn. Und Oliver Peschel erinnert sich an die These eines italienischen Wissenschaftlers, laut der Ötzi vergorenen Saft getrunken habe, davon alkoholisiert gewesen sei, sich im Delirium ausgezogen und seine Ausrüstung im Gelände verteilt habe, worauf er erfroren sei. „Nur finden wir in Fällen von Kälteidiotie eher selten im Rücken der Opfer eine Pfeilspitze."

Auf den ersten Blick plausibler klingt die Vermutung, Ötzi sei ein Hirte gewesen, der eine Herde zum Weiden ins Hochgebirge getrieben habe und von Viehräubern überfallen worden sei. Tatsächlich führte über das Tisenjoch ein traditioneller Viehtrieb von Schnalstaler Bauern – allerdings erst ab dem Mittelalter. „Zu seiner Zeit wird niemand die Mühe auf sich genommen haben, mit einer Herde so weit hinaufzugehen. Die Viehbestände in den Siedlungen des Etschtals waren sicher nicht groß, für sie gab es herunten Weideflächen mehr als genug. Und das Schnalstal war noch gänzlich unbewohnt."

Das beweisen Bodenproben. Archäologe Putzer weiß auch über sie zu referieren. Hätten im Schnalstal zu Ötzis Zeiten bereits Menschen gesiedelt, würden sie Getreide angebaut und Nutztiere gehalten haben. Schafe, Rinder und Ziegen hätten im Unterholz gegrast und damit den Wald gelichtet. Die Konzentration der Pollen von Waldbäumen hätte abgenommen, dafür wären jene von Weidegräsern und Getreidepflanzen aufgetreten. Moorböden konservieren die Pollen, weshalb sich im Normalfall fast aufs Jahrhundert genau ablesen lässt, wann eine ständige Besiedelung einsetzt. Im Schnalstal war das offenbar erst in der Bronzezeit der Fall, 2000 Jahre nach Ötzi. Noch später, in der um 800 vor Christus beginnenden Hallstattzeit, könnte tatsächlich einmal Weidevieh auf dem Tisenjoch gewesen sein.

5 cm

Die Grasmatte

Die circa 90 Zentimeter lange Matte aus Büscheln der Fiederzwenke ist nur an einem Rand eingeflochten. Am unteren Ende hängen die Büschel frei herab. Das spricht für einen Regenumhang, den Ötzi sich über die Schultern werfen konnte.

Die Pfeilspitze

Zwei digitale Schnittbilder einer Computertomografie von Ötzi in einer speziellen Farbwiedergabe. Das Schnittbild auf der rechten Seite entstand in einer Körpertiefe von circa acht Zentimetern. In der linken Schulter steckt die in einem orangen Farbton wiedergegebene Pfeilspitze aus Feuerstein.

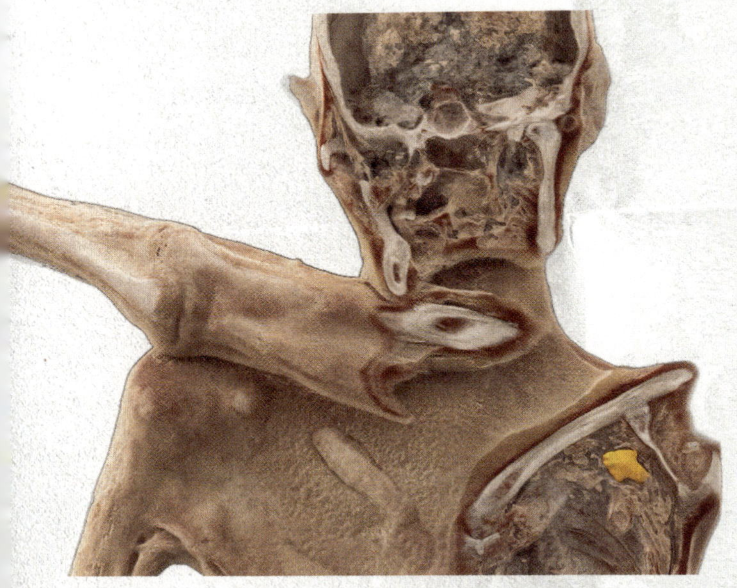

Jedenfalls wurde dort der verdrehte Ast einer Erle gefunden, den Archäologen für ein Stück Viehzaun halten.

„Aber für seine Zeit können wir einen Viehtrieb ausschließen", sagt Putzer mit Bestimmtheit. „Zum Hüten war er nicht oben."

Auch wir in der Hütte kommen auf schräge Hypothesen – und eliminieren sie sogleich mit Ockhams Rasiermesser. War Ötzi vielleicht auf einem Patrouillengang? Überwachte er im Auftrag der im Vinschgau lebenden Sippen deren Jagdgebiet – etwa um ein Eindringen von Jägern aus dem Norden zu verhindern?

„Mit nur zwei funktionsfähigen Pfeilen und einem Bogen, der noch nicht zu gebrauchen war? Die Besiedelung in der frühen Kupferzeit war doch viel zu spärlich, als dass man im Hochgebirge ein Revier hätte kontrollieren müssen. Wären Jäger aus dem Inntal mal zum Tisenjoch hochgestiegen, um sich einen Steinbock oder eine Gams zu holen, wär's denen unten im Vinschgau ziemlich wurscht gewesen", vermutet der jagdaffine Gerichtsmediziner.

„Außerdem wurde Ötzi mit großer Wahrscheinlichkeit von jemandem erschossen, der wie er aus dem Süden kam. Eine Pfeilspitze, wie sie in seinem Rücken steckt, finden wir nur auf der Südseite der Alpen. Im Norden hatten sie eine andere Form."

***

Vom Vinschgau aus gesehen liegt das Tisenjoch auf einer direkten Linie ins Inntal und weiter über den Fernpass in die Bayerischen Voralpen. War das Joch für Ötzi nur ein Etappenziel auf einem Weg von A nach B? Hatte irgendein Vorfall ihn auf diesen Weg gezwungen? Oder war er doch ein Händler, der vom Vinschgau unterwegs in den Norden war? Den Bogen hätte er unterwegs fertigstellen können, falls er zur Selbstversorgung jagen musste. Bis zum Tisenjoch hatte sein Proviant augenscheinlich gereicht. Er hatte das Beil, mit dem er sich notfalls verteidigen konnte, er trug wetterfeste Kleidung …

„Nur Ware hatte er keine bei sich."

„Der Täter könnte sie ihm abgenommen haben. Raub, das wäre klassisch."

„Die Hypothese von der Handelsreise hält doch nur, wenn wir davon ausgehen, dass seine Ware oder das, was er zum Tauschen dabeihatte, nach seinem Tod geklaut wurde. Aber das ist reine Spekulation. Tatsache ist: Es wurde bei Ötzi nichts gefunden, was unmittelbar auf eine Handelstätigkeit hinweist. Im Gegenteil: Sein Kupferbeil lag bei ihm. Ein Räuber hätte es mitgenommen", sagt dem Kriminalisten seine Berufserfahrung.

„Und als Handelsreisender schleppst du deine Ware oder dein Tauschmittel nicht über das steile Tisenjoch. Das war nie ein Handelsweg. Aus dem gesamten Ötztal hinunter bis ins Inntal haben wir aus der Kupferzeit noch keine archäologischen Funde, die auf eine Besiedelung schließen ließen. Was dort für den Vinschgau interessant gewesen sein könnte, ist mir ein Rätsel. Eher war es der südalpine Feuerstein, den sie auch im Norden gebraucht haben. Aber Ötzi hat nicht mit Feuerstein gehandelt, das haben wir bereits ausgeschlossen. Und wenn, so wäre er damit über den Reschen oder den Brenner marschiert. Das ist zwar weiter. Aber beide Pässe sind nur halb so hoch wie das Tisenjoch und im Vergleich geradezu flach."

„Könnte er Immaterielles transportiert haben? Vielleicht war er ein Abgesandter seiner Kulturgruppe und sollte einem Stamm auf der Nordseite der Alpen, etwa in kupferzeitlichen Siedlungen im Inntal oder in den Bayerischen Voralpen, eine Nachricht überbringen. Falls Ötzi ein Emissär oder Wissensträger war, würde er durchaus den direkten Weg genommen haben."

„Passen seine geflickten Klamotten in dieses Bild? Und sein Messerchen, das auszutauschen gewesen wäre?"

„Wenn er nicht an der Spitze der Elite war, sondern auf einem unteren Level … Außerdem dürfen wir seine Kleidung und Ausrüstung nicht nach unseren heutigen Vorstellungen interpretieren."

„Doch welchen Grund hätte es gegeben, ihn da oben zu töten? An dieser Stelle war er für niemanden eine Bedrohung."

„Vielleicht war er zu eigenständig geworden und vertrat nicht mehr die Interessen seines Stammes."

„Dann beseitigen sie ihn unten. Auf dem Tisenjoch war es mit Aufwand verbunden. Und wenn es aus irgendeinem Grund vorher nicht möglich war, hätte der Täter dem Ötzi sicher alles abgenommen, vor allem das Beil als Beweis für den ausgeführten Auftrag. Zu seinen Leuten unten in der Siedlung hätte er kaum sagen können: Da oben liegt er. Geht 'nauf, wenn ihr's nicht glaubt. Es muss einen anderen Grund gegeben haben, warum Ötzi trotz unvollständiger Ausrüstung da oben war", glaubt Horn.

***

Nach einem Schneetreiben am Morgen ist das Wetter etwas freundlicher geworden. Wir gehen ein Stück weit ein Hochtal hinauf. Oliver Peschel sieht mit seinen von der Jagd trainierten Augen die Gams als Erster. Sie steht im Steilhang jenseits eines tiefen Grabens, den ein Wildbach ins Gelände gefressen hat. Distanz annähernd 100 Meter. Sie hat uns sicher schon länger im Blick, und als unser Weg einen Schlenker in ihre Richtung macht, steigt sie gelassen etwas höher hinauf. Mit einem modernen Jagdgewehr wäre sie noch in Schussweite. Aber mit Pfeil und Bogen …?

Zu Ötzis Zeiten, erklärt unser Jäger, wurde das Wild weitaus seltener gestört als heute und war daher deutlich weniger scheu. Mit Erfahrung, Geduld und einer vorteilhaften Windrichtung kamen damalige Jäger sicher nah genug für einen Treffer heran – vor allem an Steinwild. Ein Steinbock hat deutlich kürzere Fluchtdistanzen als Gämsen und viele andere Wildarten. Selbst noch heute lässt er Menschen oft bis auf 20 Meter herankommen.

Ötzi hatte in seinem Magen Steinbockfleisch. In der Nähe von Juval, der Siedlung aus der Kupferzeit am Eingang zum Schnalstal, fanden Archäologen das Horn eines Steinbocks, und auch in einer kupferzeitlichen Siedlung im Trentino wurden Knochen von Steinböcken ausgegraben. Offensichtlich gehörte dieses Wild zum Beuteschema damaliger Jäger. Sein Fell ist zwar schwer zu bearbeiten und sein Leder wird zäh. Auch an Ötzis Kleidung stammt nichts vom Steinwild. Das Fleisch aber dürfte geschätzt gewesen sein. Felszeichnungen in anderen Teilen der Alpen lassen vermuten, dass man diesem Tier bereits in der Urgeschichte mystische Kräfte zuschrieb. Horn, Haare und Kot sollen sogar als Medizin verwendet worden sein.

Bei Nachgrabungen auf dem Tisenjoch wurden Steinbock-Koprolithen gefunden, versteinerter Kot. Auch kamen Mikrolithen aus der Zeit um 9000 vor Christus zutage. Diese meist nur drei Zentimeter langen Splitter aus Silex oder anderem harten Gestein haben steinzeitliche Jäger durch gezieltes Zerbrechen hergestellt, anschließend geschärft und als Pfeilspitze eingesetzt. Die Kombination der beiden Funde ist für Andreas Putzer der Beweis, dass das Tisenjoch ein Jagdgebiet für Steinböcke war. War Ötzi zum Jagen oben?

Zurück in der Hütte, gehen wir seine Ausrüstung und Bekleidung durch. Putzer berechnet ihr Gesamtgewicht auf rund zwölf Kilo – fast so viel, wie heutige Bergwanderer auf einer dreitägigen Hochtour im Rucksack tragen. Am schwersten war Ötzis Mantel aus Ziegen- und Schaffell. Außerdem trug er die bereits erwähnte Grasmatte als Regenschutz, Beinkleider aus Fellstreifen, einen ledernen Lendenschurz, einen Gürtel mit Gürteltasche, Fellschuhe und eine Fellmütze.

„Gibt es unter seiner sonstigen Ausrüstung etwas, bei dem wir uns fragen: Wozu hat er diesen Ballast dabei, das braucht er doch nicht zum Jagen?“, fragt Alexander Horn.

„Er hat einen Bogen, wenn auch unfertig. Er hat zwei Pfeile, die Schäfte und fünf Geweihspitzen. Er hat das Beil, mit dem er ein erlegtes Wild zerteilen kann. Er hat die Rückentrage, in der ein Teil seiner Ausrüstung war, er hat Proviant. Für die Jagd unmittelbar nicht zu gebrauchen waren das Werkzeug aus Feuerstein, sein Feuerzeug, einige Schnüre und zwei Birkenporlinge, denen eine antibiotische Wirkung zugeschrieben wird. Viel mehr hatte er nicht.“

„Fehlte ihm etwas Wichtiges? Etwas, wo man sagen würde: Ja, spinnt der? Geht da hinauf zum Jagen und hat kein …?“

„Er hatte, wie wir gesehen haben, nur zwei einsatzbereite Pfeile. Geweihspitzen oder Splitter aus Feuerstein in die zwölf unfertigen Schäfte einsetzen ginge recht schnell. Allerdings haben wir bei ihm keinen Birkenteer gefunden, mit dem er

Die Beinkleider

Ötzi trug Beinlinge, die er mit Lederriemen an seinem Gürtel festbinden konnte. Sie sind aus Leder- und Fellstücken von Ziegen zusammengenäht und enden unten in Zungen aus Hirschfell, die er in die Schuhe steckte.

die Spitzen hätte festkleben können. Die Befiederung wäre ein ziemlicher Aufwand gewesen, Federn haben wir aber keine gefunden. Sie könnten allerdings erst später verloren gegangen sein."

„Was wäre am Bogen noch zu machen gewesen?"

„Die Feinarbeit am Holz. An einigen Stellen hätte er es noch abschaben müssen, damit sich die beiden Wurfarme exakt gleich krümmen. Wenn er geübt war, wovon wir ausgehen, hätte er das oben im Gelände mit seinem Schaber aus Feuerstein hinbekommen, selbst mit seiner verletzten Hand. Dann wäre noch das Holz einzukerben und die Sehne einzuspannen gewesen."

Experimentalarchäologen schätzen, Ötzi hätte noch vier bis sechs Stunden gebraucht, um die Arbeit am Bogen abzuschließen. Seine Handverletzung zogen sie dabei allerdings nicht in Betracht. Ohne die Feinarbeit wäre der Bogen zur Not auch in kürzerer Zeit einsatzbereit gewesen. Auf Kerben hätte er verzichten können, da der Stab konisch zugehauen war – zu den Enden hin spitz, zur Mitte hin dicker. Somit wäre eine straff um das Holz gewickelte Sehne wahrscheinlich nicht verrutscht. Das Einspannen der Sehne selbst ist kaum mehr als ein Handgriff. Sie ist auch bei einem fertigen Bogen nicht ständig eingespannt, sondern nur an einem Ende fixiert. Andernfalls würde das Holz mit der Zeit an Spannung verlieren. Auch ist ein Bogen mit eingespannter Sehne beim Gehen im Gebirge hinderlich. Ötzis Bogenstab dürfte beim Aufstieg an der Rückentrage befestigt gewesen sein. Als Stock hat er ihn, wie Röntgenaufnahmen seiner Enden zeigen, jedenfalls nie verwendet.

„Könnte Ötzi denn überhaupt allein auf der Jagd gewesen sein?", fragt Peschel und gibt gleich selbst die Antwort. Ein ausgewachsener Steinbock wiegt 100 Kilo oder gar mehr, eine Geiß immerhin 40. Ein einzelner Jäger würde ein erlegtes Wild dieser Größe kaum den weiten Weg hinunter zu den Siedlungen im Etschtal geschleppt haben. Wahrscheinlich brachen jeweils mehrere Jäger gemeinsam auf, wenn wieder einmal größere Mengen an Fleisch gebraucht wurden, etwa für ein Fest.

„Sie sind sicher nicht zur Gaudi zum Jagern gegangen. Ich steig' aufs Tisenjoch, weil mir grad langweilig ist und ich einen Steinbock schießen möcht' – so haben die damals wahrscheinlich nicht gedacht."

Zumal eine Jagd auf das Steinwild sich über mehrere Tage hinzog. Allein der Aufstieg dauerte einen Tag. Wahrscheinlich richteten Jäger an der Waldgrenze, wo es noch Feuerholz gibt, ein Basislager ein und verbrachten dort die Nächte. Ein solches Lager – Putzer will es uns zeigen und googelt: Hohler Stein – wurde im Norden des Tisenjochs entdeckt.

„Hier sind wir circa zwölf Kilometer nördlich vom Tisenjoch, wo das Niedertal ins Ötztal übergeht. An der Waldgrenze auf 2050 Metern Meereshöhe liegt ein mächtiger Felsblock, mit einem höhlenartigen Überhang. Bei archäologischen Grabungen kamen Reste von Wildknochen, Silexsplittern und angebrannten Holzstücken zutage. Die älteren Funde wurden auf die Zeit um 7000 vor Christus datiert, die jüngeren auf 3800. Sie belegen, dass Jäger in der Steinzeit die Höhle für jeweils mehrere Tage als Jagdlager nutzten. In dem Hohlraum waren sie vor Regen geschützt, die Öffnung dürfte mit Hölzern abgeschirmt gewesen sein. Die Jäger machten darin Feuer und räucherten das Wild, das sie erlegten. Auch im Tisental können wir Stellen ausmachen, die wahrscheinlich als Jagdlager genutzt wurden."

1 cm

Die Rückentrage

Die Rückentrage hat als Gestell einen u-förmig gebogenen Haselstock. Daran waren quer zwei Brettchen aus Lärchenholz gebunden. An dem Gestell könnte ein Fellsack befestigt gewesen sein. Wahrscheinlicher ist ein Netz aus Lindenbastschnüren.

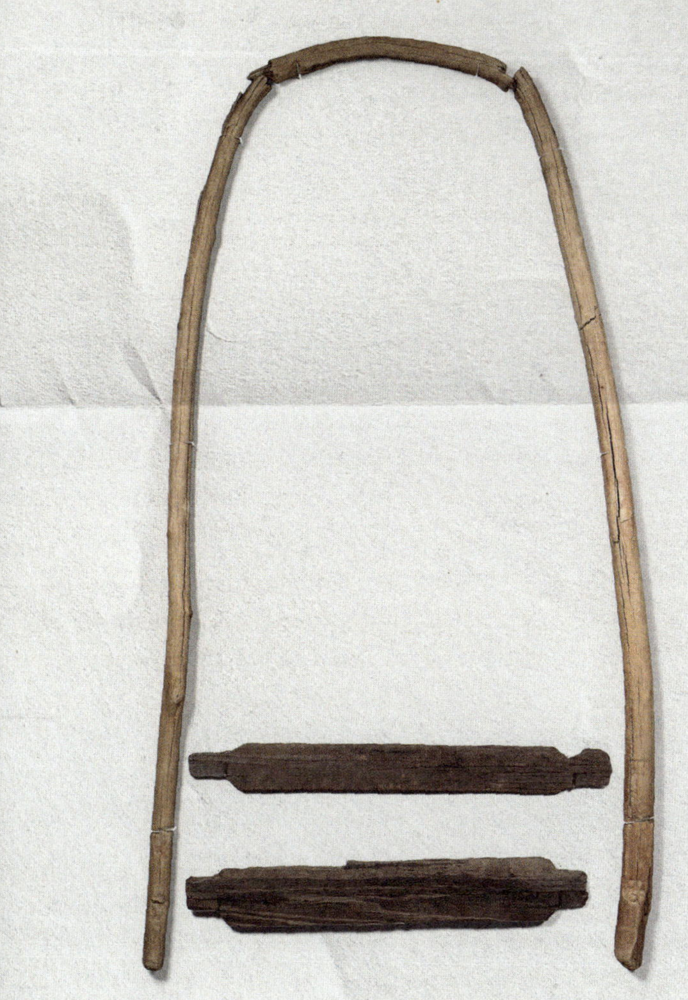

„Nehmen wir an, Ötzi war nicht allein auf der Jagd, sondern mit drei, vier, fünf anderen. Die Jagdgruppe richtete an einer der Stellen im Tisental, die Andreas meint, ein Lager ein. Am Morgen stiegen sie hinauf zum Joch, und falls sie ein Steinwild erwischten …"

„… zerlegten sie es oben und brachten das Fleisch hinunter in ihr Lager. Sie würden es geräuchert haben, damit es nicht schnell verdirbt. Der weitere Transport ins Tal wäre für die Gruppe dann kein Problem gewesen."

„Wie hätte Ötzi ohne funktionstüchtigen Bogen an der Jagd teilnehmen können?"

„Ein halber Tag, und er wäre bereit gewesen."

„Aber dann macht er den Bogen unten im Tal fertig, spätestens im Basislager", wirft Alexander Horn ein. „Dafür hockst du dich nicht einen halben Tag auf ein zugiges Joch und sagst: Mei, ist es da aber frisch!"

„Vielleicht war Ötzi wegen seiner Handverletzung nicht als aktiver Jäger in der Gruppe, sondern nur als Begleiter. Falls die anderen etwas schießen, hilft er beim Zerlegen, beim Räuchern und Tragen."

„Dann hätte er nicht sein ganzes Zeug hinaufgeschleppt, sondern im Lager deponiert. Und wenn er mit anderen in einer Gruppe war, ob als aktiver Jäger oder nur als Begleiter: Warum steckt eine Pfeilspitze in seinem Rücken?"

***

Alexander Horn zieht eine Zwischenbilanz: „Es kristallisieren sich zwei Szenarien heraus. Ötzi war Teil einer Jagdgruppe, ohne selbst aktiver Jäger zu sein, weil er dafür nicht ausgerüstet war. Oder er war auf dem Weg von A nach B, vom Vinschgau irgendwohin in den Norden."

Die These vom Jagdunfall drängt sich wieder auf. Ötzi hatte, warum auch immer, seinen erst halbfertigen Bogen und seine übrigen Habseligkeiten mit aufs Tisenjoch genommen. Während die anderen zum Jagen im Gelände waren, könnte er in der Mulde gesessen und darauf gewartet haben, dass seine Partner etwas schießen und er beim Tragen helfen kann. Möglicherweise war Nebel eingefallen, die Sicht war schlecht und einer seiner Jagdkameraden hielt ihn wegen seines Fellmantels über den Schultern und der Fellmütze auf dem Kopf für ein Wild.

Der Fallanalytiker greift wieder zum Rasiermesser. „Was wäre die logische Reaktion? Ötzi würde vielleicht schreien: Aua, spinnst du? Du Depp, du hast noch nie gut schießen können! Aber dann würden sie zur Ersten Hilfe übergehen. Sie würden versuchen, die Blutung zu stillen und ihn runterzubringen. Wäre es ein Unfall gewesen, würden sie ihn nicht in dieser Stellung oben liegen lassen."

Und wenn doch einer seiner Begleiter geschossen hätte, aber nicht aus Versehen, sondern in voller Absicht? Im Jagdlager oder auf dem Weg dorthin könnte es zu einem Streit gekommen sein. Vielleicht hatte Ötzi einem der anderen Jäger mal die Frau ausgespannt oder ihn auf andere Weise beleidigt. Kränkung ist in vielen Delikten ein Tatmotiv. Provoziert von einer Geste oder einem bösen Wort, könnte dieser Begleiter zunächst mit einem Dolch oder Beil auf Ötzi losgegangen sein, was zur Verletzung an der Hand führte. Bevor der Streit weiter eskalierte, gingen die anderen dazwischen.

Horn und Peschel lassen sich auf diese Spekulation ein. „Und Ötzi sagt: Schwamm drüber, lasst uns jetzt jagern gehen? Plausibler wäre doch, dass er mit dieser Verletzung die Gruppe verlässt und absteigt."

„Vielleicht waren sie damals wirklich die harten Hund. Und als die anderen zu Ötzi sagten: ‚Hab dich nicht so, du Weichei, das bissl Verletzung, in ein paar Tagen ist deine Pranke wieder heil, dann kannst wieder mitschießen', ist er doch geblieben."

„Ötzi würde auf Revanche verzichtet haben und mit den anderen aufgestiegen sein, vielleicht auch erst nach zwei, drei Tagen. Da er wegen seiner Wunde an der Hand nicht aktiv an der Jagd teilnehmen konnte, setzte er sich oben hin, während die anderen hinter Steinböcken her waren. Doch der Konflikt war eben nicht vorbei. Sein Kontrahent könnte gedacht haben: Jetzt hockt der grad so günstig bei seiner Marende, so eine Gelegenheit kommt nicht wieder …"

„Eine noch bessere Gelegenheit hätte er doch in der Nacht im Basislager, wenn Ötzi schläft. Da macht er es mit einem Dolch oder einem Beil und er muss nicht das Risiko eingehen, dass der Pfeil danebengeht. Und dann führt uns diese These nur dorthin, wo wir schon einmal waren: Warum ließ man ihn tot mit seinem ganzen Zeug zurück, mit seinem wertvollen Kupferbeil?"

„Nehmen sie das Beil mit, müssten sie unten in der Siedlung erklären, was passiert ist. Lassen sie alles liegen, können sie behaupten: Wir haben uns beim Jagern aus den Augen verloren, der arme Ötzi muss irgendwo abgestürzt sein."

Der Archäologe greift ein. „Von den zugegeben wenigen Grabstätten aus der Kupferzeit wissen wir, dass es damals bereits einen Bestattungskult gab. Wäre Ötzi in einer Jagdgruppe unterwegs gewesen, hätten seine Kollegen, Streit hin oder her, seine Leiche zumindest mit Steinen abgedeckt. So wie er oben lag, können wir ausschließen, dass er mit jemandem unterwegs war, der ihm in irgendeiner Weise nahestand."

Horn, Peschel und Putzer
beim Denken zusehen:
Jagdausrüstung

AUF DER FLUCHT. ABER WESHALB?

„Offenbar entschied Ötzi sich, obwohl er funktionsbeeinträchtigt und seine Ausrüstung nur eingeschränkt funktionsfähig war, sich auf den Weg zu machen. Die Ursache hierfür könnte in der gewalttätigen Auseinandersetzung im Vorfeld gelegen haben. Er konnte demnach offenbar nicht vor Ort bleiben und sah, trotz schlechter Rahmenbedingungen, vermutlich aufgrund eines nicht unerheblichen Handlungsdrucks die dringende Notwendigkeit zur Ortsveränderung.“

Die Verletzung an Ötzis rechter Hand befand sich in der Bogenfalte zwischen Daumen und Zeigefinger: ein glatter, tiefer Schnitt bis auf den Handknochen, erlitten zwischen Tag vier und Tag zwei vor seinem Tod.

Tiefe Schnittwunden bluten nicht nur nach außen, sondern auch ins Gewebe. Für die Immunabwehr ist eindringendes Blut ein Reiz, sie schickt Makrophagen an die Wundstelle. Diese Fresszellen beginnen nach rund zwei Tagen, das Blut aufzunehmen, und spalten das darin enthaltene Ferritin, einen Speicherstoff für Eisen, zu Hämosiderin auf. Es wird etwa drei bis vier Tage nach einer Verletzung bei einer speziellen chemischen Reaktion auf einem feinen Gewebeschnitt in der mikroskopischen Untersuchung als Blauton sichtbar.

Oliver Peschel zeigt Gewebeaufnahmen von dem Schnitt an Ötzis Hand. „Hier seht ihr zwei Färbungen: bläuliche Stellen von der bereits abgebauten und rötliche von der noch vorhandenen Blutung. Hätte Ötzi sich die Wunde weniger als zwei Tage vor dem tödlichen Pfeilschuss zugezogen, wäre die Blaufärbung noch nicht zu sehen. Bei mehr als vier Tagen wäre die Rotfärbung im Moment des Todes bereits verschwunden gewesen."

Könnte Ötzi auf dem Weg zum Tisenjoch gestolpert und mit seiner rechten Hand auf das scharfkantige Schiefergestein gestürzt sein, das dort liegt?

„Wenn's dich nur hinhaut, hast du keinen so glatten Schnitt. Für diese Verletzung brauchst du etwas richtig Scharfes: die Klinge eines Messers oder Beils, eingesetzt mit Wucht. Solche Wunden sehen wir in der Gerichtsmedizin oft auch bei Leuten, die mit zerschlagenen Gläsern aufeinander losgegangen sind."

Ötzi könnte sich mit seinem Messer selbst geschnitten haben.

„Als Rechtshänder in die rechte Hand? Weil er mal das Schnitzen mit links probieren wollte? Und zwei, drei Tage später trifft ihn zufällig ein Pfeil? Plausibler als zwei getrennte Ereignisse, die aus Zufall zeitlich zusammentreffen, ist ein kausaler Zusammenhang: Der Pfeil in Ötzis Rücken ist eine Folge von dem, was zwei, drei Tage zuvor mit seiner Hand passiert sein muss. Olli, lass uns demonstrieren, wie es wahrscheinlich zu der Handverletzung gekommen ist."

Und so geht in einer abgelegenen Südtiroler Berghütte auf 1785 Metern Meereshöhe der schwergewichtige Gerichtsmediziner Professor Oliver Peschel mit einem Küchenmesser auf den sportlich-agilen Kriminaloberrat Alexander Horn los –

im Beisein von zwei Zeugen, von denen leider keiner rechtzeitig eine Kamera in die Hand nimmt. „Wenn mich jemand auf diese Weise angeht, werde ich reflexartig meine dominante Hand zur Abwehr hochreißen", erklärt Horn. „Und hätte unser Oliver Ernst gemacht, würde ich jetzt nach meiner Reflexbewegung wahrscheinlich die gleiche Verletzung in meiner rechten Hand haben wie Ötzi. Sie ist typisch für einen Rechtshänder in Abwehrposition. Ötzi war, davon können wir ausgehen, in eine gewalttätige Auseinandersetzung verwickelt."

Außer dem Schnitt hatte er keine andere sichtbare Wunde. Daraus schließen die beiden Forensiker mit ihrer Erfahrung aus der Kriminalistik: Ötzi hat mit seinem Reflex nicht nur den Angriff abgewehrt. Er dürfte unmittelbar darauf seinen Gegner auch noch ausgeschaltet haben.

„Normalerweise sind solche Konflikte nicht mit der einen Aktion erledigt. Attackiere ich dich mit einem scharfen Gegenstand und du wehrst mit deiner Hand den ersten Stich ab, werde ich nicht sagen: Okay, dann eben nicht. Und du wirst nicht sagen: Kein Problem, seien wir wieder nett zueinander. Gewaltanwendungen schaukeln sich in der Regel auf. Nach meinem ersten Angriff wirst du versuchen, mir den Schädel einzuschlagen. Und ich werde weiter versuchen, dich zu erledigen. Wer unterliegt, ist entweder tot oder hat gravierendere Verletzungen als einen Schnitt in der Hand. Daraus folgt: Ötzi war offenbar nicht der, der unterlegen ist."

In seiner Rechten kann er keine Waffe gehalten haben. Die Verletzung wäre sonst eine andere. Wie aber hätte er, nachdem der erste Angriff abgewehrt war, zurückschlagen können? Mit bloßen Fäusten? Unwahrscheinlich bei einem Gegner, der mit einem scharfen Gegenstand bewaffnet war. Mit

seinem Bogen, den er dabei verloren hat? Im Nahkampf sind Pfeil und Bogen nicht zu gebrauchen. Mit seinem Dolch? Mit seiner kurzen Klinge war er als Stichwaffe kaum geeignet. Ein Beil mit Metallklinge wäre hingegen in einem Eins-zu-eins-Kampf eine gefährliche Waffe. Ötzi könnte, nachdem er die erste Attacke mit seiner Hand abgewehrt hatte, zu seinem Beil gegriffen und seinen Gegner schwer verletzt oder getötet haben, bevor der ein zweites Mal zustechen konnte.

Eine Universität in Australien will 1994 an der Kupferklinge tatsächlich Blutzellen festgestellt haben. Bei einer Nachuntersuchung im Jahr 2003 konnte das Ergebnis aber nicht bestätigt werden. Doch wäre an der Klinge wirklich einmal Blut gewesen, könnte es auch von einem Wild stammen, das Ötzi bei anderer Gelegenheit mit dem Beil zerlegte.

Putzer hat Zweifel: „Ist seine Wunde wirklich der Beweis, dass die Auseinandersetzung eskalierte? Nachdem Ötzi verletzt war, könnte er eingesehen haben: Die anderen sind in der Überzahl, ich mach' mich lieber vom Acker."

„Warum hätte man ihn dann Tage später umbringen sollen? Wenn wir davon ausgehen, dass die Wunde an der Hand mit seinem Tod in einem Zusammenhang steht, muss nach seiner Verletzung etwas Schwerwiegendes vorgefallen sein: ein Ereignis, das Ötzi dazu brachte, sich zum Tisenjoch aufzumachen – und den späteren Schützen, ihm zu folgen. Was wir an der Hand sehen, ist nur der Einstieg."

***

Als Ötzi starb, hatte er in seinem Darm neben halbverdautem Fleisch und Brot aus Einkorn auch die Pollen verschiedener Pflanzenarten. Blütenstaub von Weizen und Hülsenfrüchten dürfte er mit seinem Proviant aufgenommen haben, den von

Gräsern, Sträuchern und Bäumen – sogenannte Hintergrundpollen – mit der Atemluft über seinen Mundschleim oder mit dem Wasser, das er aus dem Schnalser Bach getrunken hat. Dass er daraus getrunken hat, zeigen die in seinem Darm gefundenen Kieselalgen; sie sind identisch mit denen, die sich heute im Bach befinden. Unter den Hintergrundpollen dominierte der Blütenstaub von Fichten, Kiefern, Erlen, Birken und der Hopfenbuche. Die Hopfenbuche blüht, das wird noch eine Rolle spielen, im späten Frühling.

Anhand dieser Pollen wollte ein Botaniker der Universität Innsbruck rekonstruieren, wo sich Ötzi in den letzten Tagen seines Lebens aufgehalten hat. Dazu untersuchte seine Forschungsgruppe fünf Proben des Verdauungsbreis und Kots aus der Mumie. Vier wurden aus verschiedenen Abschnitten des Dickdarms entnommen, eine aus dem davor liegenden Dünndarm. Die Forschungsgruppe nahm eine Durchlaufzeit von 33 Stunden zwischen Magen und Darmausgang an. 33 Stunden sind ein statistischer Mittelwert für Männer im mittleren Alter. Die tatsächliche Zeitspanne kann jedoch je nach körperlicher Verfassung und Mahlzeit zwischen mindestens 14 und 55 Stunden schwanken. Bei Durchfall – Ötzi trug den Peitschenwurm in sich – sind noch kürzere Durchlaufzeiten möglich, bei extremem Stress auch deutlich längere.

Trotzdem glaubte die Forschungsgruppe, eine überraschende Richtungsänderung Ötzis nachweisen zu können. Im Kot am Ende seines Dickdarms fand sie Pollen von Nadelbäumen, die an der Waldgrenze wachsen. Demnach müsste er ungefähr 33 Stunden vor seinem Tod auf einer Höhe von etwa 2000 Metern gewesen sein. Im Mittelteil des Dickdarms wurde eine hohe Konzentration von Blütenpollen der Hopfenbuche festgestellt. Sie ist ein wärmeliebender Laubbaum, ihr natürlicher Lebensraum reicht im heutigen Südtirol auf 800 bis 1000 Meter hinauf. Laut den angenommenen durchschnittlichen Zeiten einer Verdauung müsste Ötzi sich etwa zwölf Stunden vor seinem Tod also erneut auf rund 1000 Metern oder sogar tiefer aufgehalten haben. Die Siedlung Juval befand sich auf rund 850 Metern. Sieben bis vier Stunden vor seinem Tod sei Ötzi dann erneut auf der Höhe der Waldgrenze gewesen, abzulesen an den Pollen im Dünndarm gleich nach dem Ausgang aus dem Magen. Sie stammten wieder von Nadelbäumen auf rund 2000 Metern.

Warum hätte Ötzi, nachdem er bereits hoch oben war, noch einmal ins Tal zurückkehren sollen?

Bereits der Prähistoriker Konrad Spindler, der die ersten Untersuchungen an der Mumie leitete, war von einem Abstieg ausgegangen. In seiner ersten Desaster-Theorie hatte er spekuliert, Ötzi sei im Herbst mit seiner Viehherde vom Berg ins Dorf zurückgekehrt und mit seiner Sippe in Streit geraten. Daraufhin habe er sich mit einer noch unfertigen Jagdausrüstung in die Berge zurückgezogen. Auf dem Tisenjoch sei er in schlechtes Wetter gekommen und in der Kälte an Erschöpfung gestorben. Die Pfeilspitze in Ötzis Rücken und die Verletzung an seiner Hand waren da noch nicht entdeckt.

Aktuelleren Varianten der Desaster-Theorie zufolge habe Ötzi in einem Kampf am Berg seinen Bogen verloren und seine Pfeile zerbrochen. Als er 1991 mitsamt seiner Ausrüstung geborgen wurde, waren seine beiden mit Spitzen und Befiederung versehenen Pfeile tatsächlich entzwei. Sie dürften aber erst lange nach Ötzis Tod unter dem Druck des Eises beschädigt worden sein. Warum auch hätte er in seinem Köcher zerbrochene Pfeile aufbewahren sollen? Laut dieser Desaster-Theorie sei er jedenfalls nach dem Kampf hinunter ins

Tal gerannt, habe sich aus einer Eibe einen neuen Bogenstab zurechtgehackt und Rohlinge für frische Pfeile geschnitten. Und noch ehe seine Waffen einsatzbereit waren, sei er wieder aufgestiegen, erneut auf seine Gegner gestoßen, in einem weiteren Kampf an der Hand verletzt worden und danach aufs Tisenjoch geflüchtet. In einer dramatisierten Version der Desaster-Theorie befand sich Ötzi am Berg auf der Höhe der Waldgrenze, während im Tal sein Dorf überfallen wurde. Bei seiner Rückkehr ging er auf die Angreifer los, erlitt die Handverletzung und flüchtete schließlich vor der Übermacht.

Der Archäologe bringt wieder Zweifel vor: „Warum hätten Angreifer, nachdem sie möglicherweise das ganze Dorf niedergemetzelt oder zumindest unter ihre Kontrolle gebracht hatten, einen einzelnen Mann tagelang verfolgen sollen? Noch dazu hinauf in unwegsames Gelände?"

Doch hat es die rätselhafte Rückkehr ins Tal, auf der all diese Hypothesen aufbauen, tatsächlich gegeben? Oliver Peschel berichtet von einem Mann, der unmittelbar nach dem Frühstück einen Verkehrsunfall hatte. Er kam auf die Intensivstation, wo er 18 Tage später starb. In dieser Zeit war er intubiert und hat nichts Festes in den Magen bekommen. „Man hat ihn dann seziert, und was findet man im Magen? Ein halbes Ei vom Frühstück vor dem Unfall, so gut wie unverdaut. Unter einem schweren Trauma und extremem Stress fährt der Organismus die Verdauung runter auf null, weil er priorisiert. Ötzi hatte zwar kein so schweres Trauma in der Vorgeschichte wie dieser Patient, aber doch zumindest die Handverletzung und wahrscheinlich erheblichen Stress. Deshalb sind diese durchschnittlichen Stundenangaben hochspekulativ."

Auch sind Blütenpollen kein verlässlicher Indikator. Möglicherweise haben die von der Thermik verursachten Aufwinde die Pollen der Hopfenbuche weit hinaufgetragen. Oder Fallwinde haben die Pollen der Nadelbäume von der Waldgrenze in den untersten Abschnitt des Schnalstales geweht. Oder das Wasser des Bachs, aus dem Ötzi getrunken hat, hatte sie nach unten gespült.

Wo also war Ötzi tatsächlich, als er sich an der Hand verletzte?

***

Wir sitzen inzwischen den zweiten Tag in der Hütte und haben mehr Fragen vor uns als Antworten. So sei das zunächst oft bei Fallanalysen, beruhigt uns Alexander Horn. Er ist darin geschult, die Motivation in seinen Teams hoch zu halten, und sagt jetzt: „Schauen wir mal, was wir bereits haben."

Über Ötzi ist zwar weiterhin vieles unbekannt: das Leben, das er führte; die Rolle, die er spielte; der Typ Mann, der er war. Aus den medizinischen Befunden und dem Wissen über die Kupferzeit hat das Bild von ihm jedoch Konturen bekommen. Über den Schauplatz und den Auslöser der Attacke, die zu seiner Handverletzung führte, sind die Fakten spärlich. Doch es hat sich herauskristallisiert, dass die Handverletzung mit großer Wahrscheinlichkeit in einem Zusammenhang mit seinem Aufenthalt auf dem Tisenjoch und dem tödlichen Pfeilschuss in seinen Rücken steht. In der auf das Betttuch projizierten Fallanalyse steht jetzt:

„In Anbetracht der Gesamtumstände ist zum jetzigen Erkenntnisstand davon auszugehen, dass es zwei bis drei Tage vor der Tötung zu einer Auseinandersetzung kam, vermutlich nahe des Vinschger Talgrunds, die zu der Handverletzung bei

Ötzi führte. Diese Auseinandersetzung dürfte mit einer schweren Verletzung oder dem Tod des Kontrahenten geendet haben. In den Folgetagen kam es offenbar nicht zu einer unmittelbaren Fortführung der Auseinandersetzung, vielmehr dürfte Ötzi sich auf den Weg in Richtung Tisenjoch gemacht haben. Die Fluchthypothese ist hierbei als am wahrscheinlichsten anzusehen."

Doch warum wählte Ötzi, wenn er denn auf der Flucht war und der Streit weit unten, wohl in der Nähe einer Siedlung, eskaliert war, ausgerechnet das steile und hohe Tisenjoch? Es hätte für ihn leichtere Wege gegeben. Andreas Putzer zeichnet auf einer Karte die möglichen Fluchtrouten ein: der Etsch entlang aufwärts in den oberen Vinschgau bis zum niederen Reschenpass; die Etsch abwärts und weiter ins Eisacktal, wo er anscheinend aufgewachsen war und vielleicht noch Verwandte hatte.

„Vielleicht hat er sich gedacht: Den Vinschgau hinauf sehen mich alle, den Vinschgau hinunter sehen mich alle, im Schnalstal sieht mich erst mal keiner. Oder er hat darauf spekuliert, dass etwaigen Verfolgern der Weg zum Tisenjoch zu mühsam war."

In seinem untersten Abschnitt ist das Schnalstal eine enge Schlucht, kaum breiter als der Bach. Die Felsen zu beiden Seiten sind fast senkrecht. Dort lässt das Gelände nur eine Gehrichtung zu: nordwärts. Moosreste an Ötzis Ausrüstung scheinen zu bestätigen, dass er tatsächlich dort unterwegs war. Laut der Forschungsgruppe, die sie untersuchte, sind diese Moose heute im Schnalstal nur in der Schlucht nachzuweisen. Ob sie auch zu Ötzis Zeiten nur dort gewachsen sind, weiß allerdings niemand.

Kurz vor der heutigen Ortschaft Karthaus hätte Ötzi sich nach rechts wenden und durch das Pfossental zum Eisjöchl gehen können. Mit 2900 Metern ist es weniger hoch als das Tisenjoch und vor allem deutlich weniger steil. Auf seiner anderen Seite geht es hinunter ins Passeiertal, und von dort wäre es nicht weit zurück an die Etsch bei der heutigen Stadt Meran. Bei Karthaus hätte Ötzi auch links ins Penaudtal einbiegen, südwärts zum 2700 Meter hohen Niederjöchl gehen und von dort in den mittleren Vinschgau absteigen können, in sein Gebiet. Oder er hätte noch weiter taleinwärts dem Talboden des Schnalstals in westlicher Richtung folgen können, um später ein Seitental im oberen Vinschgau zu erreichen. Stattdessen behielt er die Nordrichtung zum Tisenjoch bei. Mit Absicht, oder weil er es nicht besser wusste?

Andreas Putzer, der das Gelände von seinen archäologischen Forschungen genau kennt, schließt aus, dass Ötzi für eine Flucht unbeabsichtigt das Tisenjoch wählte. „Er wusste, wo er da hinkommt. Ohne Ortskenntnis geht kein Mensch da hinauf. Vielleicht war er mal zum Jagen oben."

„Und wenn er sich ausgekannt hat, muss es einen Grund geben, warum er ausgerechnet dort hinauf ist, anstatt die Verfolger zu umgehen und zum Talboden der Etsch zurückzukehren", meint Horn. „Es wird ihm bewusst gewesen sein, dass es nicht reicht, im Schnalstal eine Runde zu drehen, weil es weiter unten ein paar Leute gibt, die grad schlechte Laune haben. Er muss befürchtet haben, dass er fällig ist, wenn er bei den Siedlungen im Vinschgau wieder auftaucht. Hätte er nur jemandem eine Watschn verpasst, wäre das kaum der Fall gewesen. Es ist davon auszugehen, dass er die ganze Gemeinschaft gegen sich aufgebracht hatte."

Die Fluchtrouten

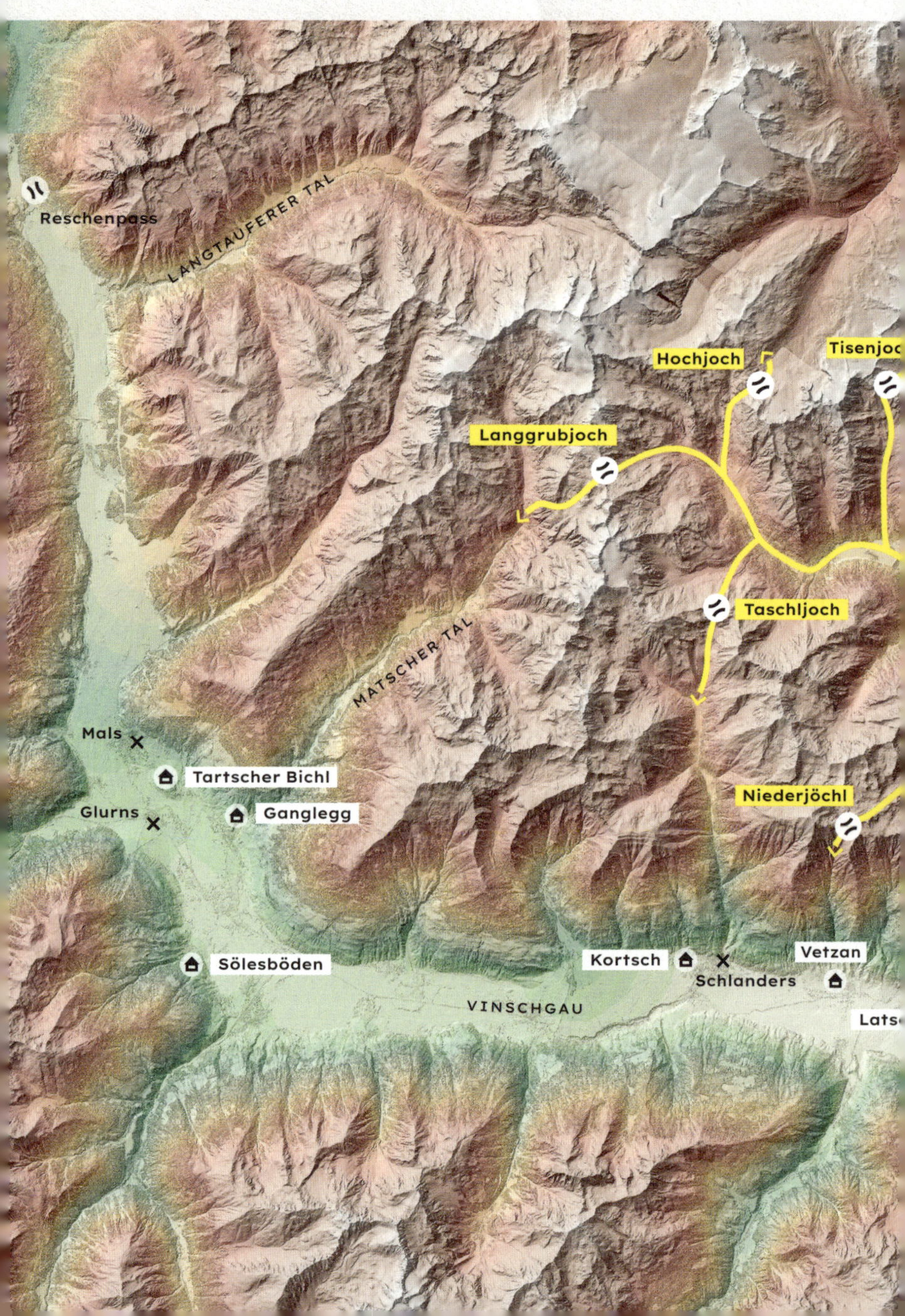

Vent
NIEDERTAL
Pfelders
Eisjöchl
PFOSSENTAL
PASSEIERTAL
Karthaus
SCHNALSTAL
Meran
Naturns
Juval
10 km
ETSCHTAL

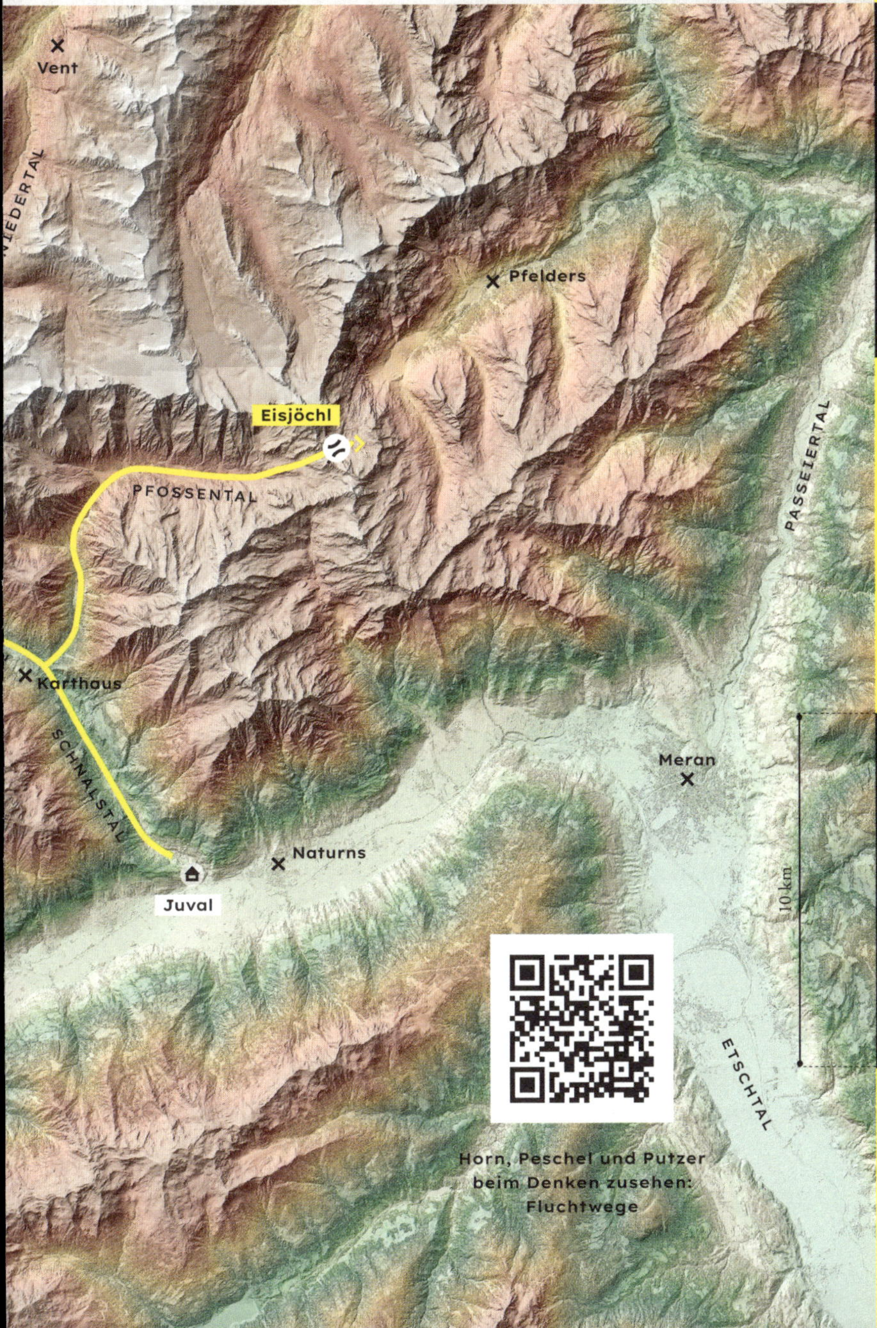

Horn, Peschel und Putzer beim Denken zusehen: Fluchtwege

In der Hütte sprießen die Thesen, was Ötzi angestellt haben könnte, nur um gleich darauf von einem Gegenargument zerrupft zu werden.

Wenn es stimmt, dass in einer kupferzeitlichen Siedlung kaum mehr als hundert Einwohner zusammenlebten, könnten die Menschen jeweils einem Familienclan angehört haben. Vermutlich kam es zwischen den Siedlungen von Zeit zu Zeit zu Konflikten, die sich auch in Gewalt entluden. Die meiste Zeit aber dürfte es ein friedliches Nebeneinander gegeben haben, mit gelegentlichen gemeinsamen Festen. Denn die Clans gehörten wahrscheinlich einem gemeinsamen Stamm an, mit einem Anführer an seiner Spitze. Ötzi? Der vermutete gehobene Status würde dazu passen.

„Und eines Tages könnten einige der Meinung gewesen sein, Ötzi sollte endlich abtreten. Wegen seines Alters, oder weil man ihn aus einem anderen Grund nicht mehr wollte. Vielleicht war er ein Tyrann, was die Darstellung auf dem Menhir erklären würde. Ötzi weigerte sich zu gehen. Es kam zu einem Aufruhr und zu seiner Verletzung. Aber er konnte sich noch einmal durchsetzen."

„Für das Standing von Ötzi als Führerfigur hieße das doch, er wäre in seiner Position gefestigt. Er würde nicht sagen: Na gut, ihr habt mich überzeugt, geh' ich halt. Wer an der Macht ist und einen Putsch erfolgreich abwehrt, reagiert eher mit weiterer Gewalt und Unterdrückung. Und nicht mit: Da wollte mir einer ans Leder, also mach' ich mich lieber auf den Weg."

„Aber ihm könnte klar geworden sein, dass er keinen Rückhalt mehr hatte. Und bevor sie es wieder probieren und er einen zweiten Angriff vielleicht nicht überlebt, sucht er das Weite."

„In diesem Fall wäre das Ziel seiner Gegner doch erreicht gewesen: Sie waren ihn los. Warum hätten sie ihm bis zum Tisenjoch hinterhersteigen und ihn dort umbringen sollen? Und wenn, dann hätte der Täter das Beil als Trophäe mitgebracht und herunten damit geprahlt: Wisst ihr noch, unterm Ötzi? Ich habe ihn fertiggemacht, ich! Schaut mal, hier ist sein Beil.“

„Vielleicht war es andersherum: Ötzi putschte gegen den Stammesführer, weil er selbst es werden wollte. Und der sagte: Dir werd' ich zeigen, wer hier der Chef ist. Er geht auf den Ötzi los, Ötzi tötet ihn – aber dann muss er flüchten, weil er merkt, er hat alle gegen sich.“

„Ötzi, der Königsmörder. War er dafür nicht ein bissl zu alt? Und wenn es wirklich so gewesen wäre, hätten sie ihn gleich plattgemacht und nicht erst nach zwei, drei Tagen.“

„Ob es etwas Politisches war oder Ötzi seinen Nachbarn nur blöd angeredet hat, werden wir nie herauskriegen. Wir werden nie wissen, was der Auslöser war und ob Ötzi angefangen hat. Wir können jedoch vom Verletzungsbild seiner Hand ableiten, dass er mit einem scharfen Gegenstand, wahrscheinlich in Tötungsabsicht, angegriffen wurde und dass er diesen Angriff erfolgreich abgewehrt und seinen Gegner ausgeschaltet, wahrscheinlich sogar getötet hat. Die Siedlungsgemeinschaft könnte dann – ums Hypothetisieren kommen wir ja nicht herum – zum Ötzi gesagt haben: Nach dem, was vorgefallen ist, wollen wir dich nie mehr bei uns haben. Entweder du gehst, oder wir töten dich.“

„Und Ötzi antwortet: Nett von euch, dass ihr mir die Entscheidung überlasst, ich geh? Warum finden wir ihn dann tot auf dem Tisenjoch?“

„Weil einer aus der Gemeinschaft, vielleicht ein Angehöriger des Getöteten, ausschert und das Urteil nicht akzeptiert. So einfach, schwört er sich, kommt mir der Ötzi nicht davon. Er will über die Ächtung durch die Gemeinschaft hinaus eine persönliche Rechnung begleichen, er will Rache. Und damit tut er etwas, was vom Richterspruch der Gemeinschaft nicht gedeckt ist – weswegen er sich dann hütet, Ötzi das Beil abzunehmen, als der oben tot liegen bleibt."

***

Heutige Wanderführer geben für die Strecke zwischen Juval und dem Tisenjoch eine Gehzeit von etwa 16 bis 18 Stunden an, ab Latsch um vier Stunden mehr. Ein Ötzi auf der Flucht wäre sicher schneller unterwegs gewesen. Damit steht die Zeit, die er bis zum Tisenjoch gebraucht haben dürfte, im Widerspruch zu den mindestens zwei Tagen, die zwischen seiner Handverletzung und dem tödlichen Pfeilschuss lagen.

Glaubte er sich nach einigen Stunden bereits in Sicherheit? Zurück konnte er zwar nicht. Aber scheinbar war ihm auch niemand dicht auf den Fersen. Also könnte er sich für ein paar Stunden Schlaf in die Büsche geschlagen haben – zumal es nicht ratsam war, spät am Abend oder gar bei Dunkelheit das steilste Stück vor dem Tisenjoch in Angriff zu nehmen. Das würde sich mit den Analysen seines Darminhalts decken. Sie scheinen zu zeigen, dass er unterwegs gleich zweimal von seinem Proviant gegessen hatte.

„Sein Gegner könnte erst nach Stunden gestorben sein, und erst dann entwickelte der Fall seine weitere Dynamik", gibt der Fallanalytiker zu bedenken. „Als Ötzi sich dann davonmachte, hatte er an Kleidung alles dabei, was er für eine Überquerung des Alpenhauptkammes brauchte. Er hatte Proviant für drei Tage, er hatte seine Pfeile und die Rohlinge, er hatte die Gefäße aus Birkenrinden und einiges an Werkzeug – völlig überhastet konnte der Aufbruch nicht gewesen sein. Doch hatte er keinen fertigen Bogen."

„Das zeigt uns: So viel Zeit hatte er dann doch nicht. Er hat sich eben nicht auf die Bank vorm Haus gesetzt und die Arbeit am Bogen beendet, sondern er hat den Rohling und eine Sehne gepackt und sich auf den Weg gemacht. Wenn du mehrere Handlungen priorisieren musst, machst du das, was am wichtigsten ist. Anscheinend war es Ötzi wichtiger abzuhauen als einen fertigen Bogen zu haben", sagt Peschel.

Wie aber konnte sein Verfolger wissen, dass Ötzi zum Tisenjoch unterwegs war und keine der möglichen Abzweigungen genommen hatte? Hatte er Spuren hinterlassen, die sein Verfolger lesen konnte? Oder war der Verfolger in Sichtweite hinter ihm her? Und wenn er ihm so dicht auf den Fersen war: Warum hat er Ötzi nicht schon früher angegriffen, sondern erst auf dem Tisenjoch?

„Vermutlich hat er sich bereits früh zu einer Distanztötung entschieden. Er dürfte gewusst haben, dass er sich auf einen Nahkampf mit Ötzi besser nicht einlässt."

„Die 30 Meter Abstand für einen sicheren Schuss hätte er auch früher haben können."

„Nicht im dichten Wald. Da wird's wie Häuserkampf. Wenn er im dichten Wald zu nah aufrückt, könnte Ötzi mit seinem Beil plötzlich hinter ihm stehen. Sicherer für den Verfolger ist es, wenn er es im offenen Gelände versucht. Und ganz so nah dran war er wahrscheinlich auch nie. Er könnte die ganze Zeit in einer Entfernung geblieben sein, dass er gerade noch sah, wohin Ötzi unterwegs war – ohne selbst gesehen zu werden."

DAS RÄTSEL DER HOPFENBUCHE

„Für eine Tatbegehung im späten Frühjahr bis frühen Sommer würde die Pollensituation sprechen. Andererseits ist im späten Frühjahr, vergleichbare Witterungsverhältnisse zu heute unterstellt, noch mit sehr hohen Schneemengen zu rechnen, die eine Begehbarkeit des Geländes von Süden aus eher unwahrscheinlich erscheinen lassen.“

Ötzi lag in einer Mulde mit der Brust auf einem Felsstück, das Gesicht nach unten, den Kopf leicht nach links gedreht. In dieser Stellung muss er bald nach seinem Tod eingeschneit worden sein. In warmer Umgebung bekommt tote Gehirnmasse im frühen Stadium der Verwesung die Konsistenz von flüssigem Joghurt, sintert durch die Schwerkraft an die tiefste Stelle des Schädels und bildet an seiner Innenwand einen Streifen – ähnlich dem Schmutzrand in der Badewanne. Für die Archäologie und Anthropologie kann dieser Streifen ein Hinweis auf die ursprüngliche Lage einer Leiche sein, und darauf, ob sie bestattet wurde oder einfach an Ort und Stelle liegen blieb.

„Und jetzt schaut euch die Aufnahmen des Computertomografen von Ötzis Gehirn an“, sagt Oliver Peschel. „Wäre er in der ersten Zeit bei Plusgraden lang in der Sonne gelegen, sähen wir hier vorn im Bereich der Stirn, mit der sein Kopf auflag, ein wenig Hirnbaatz, wir sähen innen am Schädelknochen den Streifen der verflüssigten Gehirnmasse, und der Rest wäre leer. Die Aufnahmen zeigen jedoch ein kompaktes Gehirn, zwar geschrumpft, aber in seiner ursprünglichen Form gut erhalten. Die einzige Erklärung, die wir dafür haben: Ötzi muss rasch runtergekühlt und unter eine schützende Decke gekommen sein, unter Schnee."

Ohne diese Decke hätte er Fliegen angezogen. „Deren Maden", so die plastische Schilderung des Gerichtsmediziners, „können eine Leiche unter günstigen Bedingungen innerhalb von zwei Wochen wegputzen. Dann ist außer den Knochen nichts mehr da." Oder er wäre zum gefundenen Fressen von Kolkraben und Bartgeiern geworden. Ötzi wurde zwar an mehreren Stellen angepickt, offenbar aber erst, als die Mumifizierung bereits fortgeschritten und er nicht mehr besonders „gschmackig" war.

Die Kälte im Hochgebirge führte bei der Leiche zu einer Gefriertrocknung. Auch lag sie, wenn die Schneeschmelze die Mulde überflutete, immer wieder für einige Zeit in kaltem Wasser. In Staunässe und unter dem Abschluss von Sauerstoff entsteht nach einigen Wochen aus dem Weichgewebe eine wachsähnliche Substanz, die Adipocire, auch Fettwachs genannt. Sie kann so hart werden, dass bei einer Obduktion elektrische Sägen eingesetzt werden müssen, um die Schicht durchzuschneiden. Fettwachs schützt eine Leiche fast ebenso gut vor Fäulnis wie Eis und Schnee. Peschel zeigt Fotos von Leichen, die 20 Jahre lang in Gräbern mit Staunässe lagen. Sie sehen aus wie eben erst beerdigt.

Auch bei Ötzi ist diese sogenannte Verseifung festzustellen. Ihre Schicht ist allerdings nur dünn. Wie genau der Prozess ablief, der ihn über so lange Zeit konservierte und zur

Das Gehirn

Die dreidimensional, mit veränderter Farbgebung aufbereitete Computertomografie von Ötzis Kopf zeigt ein nur leicht geschrumpftes Gehirn. Seine ursprüngliche Form ist erstaunlich gut erhalten geblieben.

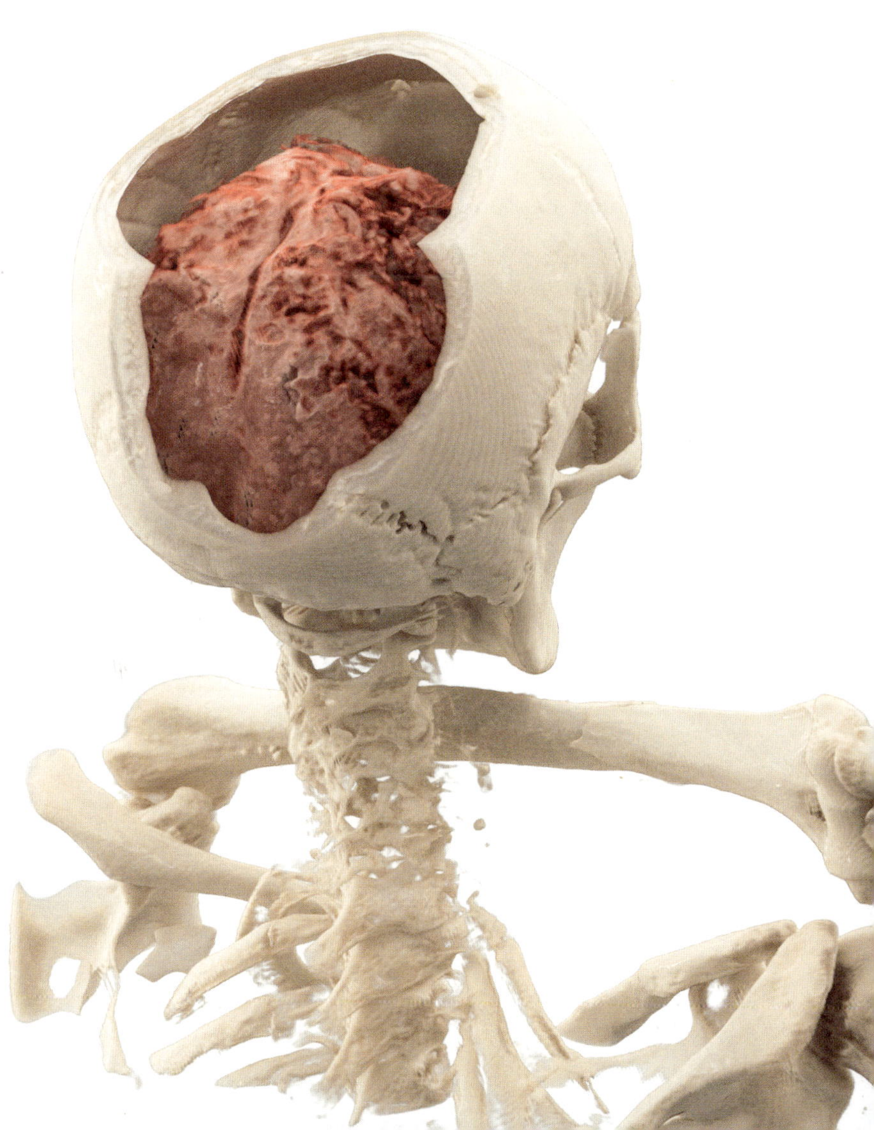

einzigartigen Mumie machte, kann die Wissenschaft nicht rekonstruieren. Dazu fehlen ihr aus den mehr als 5000 Jahren, in denen er am Tisenjoch lag, Daten über Temperatur, Luftfeuchtigkeit, Wind, Niederschlagsmengen. Wahrscheinlich lag er über Jahrhunderte eingefroren in Schnee und Eis und so auch vor UV-Strahlen geschützt. Dann gab es wieder Phasen, in denen er zwischendurch länger frei lag und austrocknete. Die Klimaforschung weiß von Wärmeperioden in der Römerzeit und im Mittelalter, in denen die Gletscher sich vorübergehend in höhere Regionen zurückzogen. Dann dürfte auch das Tisenjoch im Sommer schnee- und eisfrei gewesen sein.

„Und hier, das sind Fotos von Soldaten, die im Ersten Weltkrieg an der Hochgebirgsfront am Ortler gestorben sind. Diese Gletscherleichen sind in ihrer Mumifizierung unserem Ötzi bereits recht ähnlich. Daraus können wir schließen, dass es zu den wesentlichen Veränderungen in den ersten hundert Jahren gekommen ist. Entscheidend dafür, dass er so mumifiziert wurde und so gut erhalten blieb, wie wir ihn kennen, war die allererste Zeit unter Schnee und Eis."

Wann also war Ötzi am Tisenjoch?

Aus Bohrkernen, die unter anderem von der nahen Weißseespitze entnommen wurden, sowie aus den in großen Höhen gefundenen Holzresten leitet die Forschung ab, dass das damalige Klima dem heutigen ähnlich war, wenn auch mit einem umgekehrten Trend. In den Jahrtausenden vor Ötzi hatte ein sogenanntes Klimaoptimum nach einer langen Kaltzeit die Gletscher in den Alpen weit zurückgedrängt und die Waldgrenze um circa 200 Meter angehoben. In den Jahrhunderten vor ihm ging diese warme Phase allmählich wieder in eine kältere über, die Gletscher nahmen wieder zu. Zu

Ötzis Lebzeiten dürfte das Tisenjoch im Hochsommer noch häufig schneefrei gewesen sein. Wie heute könnten Kaltfronten jedoch bereits im August einen Temperatursturz und den ersten Neuschnee gebracht haben.

„Daraus zog man den Schluss, dass er spät im August oder im September aufs Tisenjoch gestiegen sein wird und dass es ihn bald mal ordentlich eingeschneit hat", berichtet Andreas Putzer. Bis in Ötzis Darm die Blütenpollen der Hopfenbuche entdeckt wurden. Dieser aus dem Mittelmeerraum stammende Laubbaum, von dem bereits die Rede war, blüht für gewöhnlich zwischen April und Mai. Da Ötzi die Pollen nur Stunden vor seinem Tod geschluckt haben kann, müsste er im Frühjahr gestorben sein. Für das Frühjahr scheinen auch die Blätter des Spitzahorns zu sprechen, die Ötzi als Isolierung in eines der Birkenrindengefäße gelegt hatte. In den Blättern war Chlorophyll konserviert. Hätte Ötzi die Blätter im Herbst von den Ästen abgerissen, wäre dieses Blattgrün vom Baum bereits abgebaut gewesen.

Aber hätte Ötzi es im Frühjahr aufs Tisenjoch geschafft?

Der letzte Hang ist nicht nur sehr steil, sondern auch von Felsen durchsetzt und zur Mittagssonne hin ausgerichtet. In einem solchen Gelände herrscht im Frühjahr oft große Lawinengefahr. Auch in den letzten Jahrzehnten mit deutlichem Klimawandel fiel im April oder Mai oft noch so viel Schnee, dass er am Joch erst im Spätsommer wegschmolz – wenn überhaupt. 2021 zum Beispiel war Ötzis Mulde nach einem schneereichen Frühling das ganze Jahr über nicht vollständig ausgeapert. Und als er 1991 am 19. September von Wanderern entdeckt wurde, lagen erst der Kopf, der Rücken und die Arme frei.

„Wenn Schnee liegt, rennt niemand diesen Hang hinauf", sagt Putzer. „Selbst wenn Ötzi auf der Flucht war. Weil er damit rechnen musste, dass er nicht mehr weiterkommt oder eine Lawine ihn wieder herunterreißt."

Am Gurgler Eisjoch, Luftlinie rund 13 Kilometer östlich vom Tisenjoch, wurde zwölf Jahre nach Ötzi ein einzelner Schneeschuh gefunden. Er ist 500 bis 600 Jahre älter als die Mumie und aus dem Ast einer Birke geflochten. Schneeschuhe verhindern, mit jedem Schritt im Tiefschnee einzubrechen. Wie der Fund beweist, war ihre Funktion zu Ötzis Zeiten bekannt. Bei der Mumie auf dem Tisenjoch wurden aber keine Schneeschuhe gefunden. Hatte jemand sie mitgenommen? Unwahrscheinlich, war doch das viel wertvollere Kupferbeil noch da. Hatte Ötzi in der Eile seines Aufbruchs keine Schneeschuhe bei der Hand? Oder war er doch nicht im Frühling unterwegs – in einer Jahreszeit, in der er mit Schnee rechnen musste?

Ötzi trug Schuhe mit einer Sohle aus glattem Bärenleder. Quer über die Sohle verlief ein überkreuztes Lederband. Es gab ihr nur ein Minimum an Profil. Versuche mit einem rekonstruierten Paar ergaben, dass die Schuhe im Gebirge erstaunlich gut zu tragen waren. Nässe hielten sie aber nicht stand. Und auf Schnee, das zeigt die Erfahrung, bieten glatte Ledersohlen keinen Halt.

Wie hätte Ötzi mit diesen Schuhen auf verharschtem Schnee, wie er im Frühjahr oft anzutreffen ist, aufs Tisenjoch kommen sollen? Wie wahrscheinlich ist es, dass ausgerechnet in jenem Frühling der Steilhang vor dem Tisenjoch schneefrei war, und starker Schneefall gerade dann einsetzte, als Ötzi tot oben lag?

***

Die Schuhe

Ötzis Schuhe zeigen, dass er auch für Kälte gerüstet war. Das Bärenleder der Sohle hatte an der Innenseite ein Fell, das von unten isolierte. Der Fuß steckte in einem Geflecht aus Lindenbast, das mit einem Oberleder aus Hirschfell überzogen war. Zwischen Lindenbast und Oberleder wurde eine Lage Heu als Wärmeisolierung gestopft. Wurde es feucht, konnte es ausgetauscht werden. Als Ötzi gefunden wurde, trug er nur den rechten Schuh. Am linken Fuß hatte sich nur das Bastgeflecht erhalten.

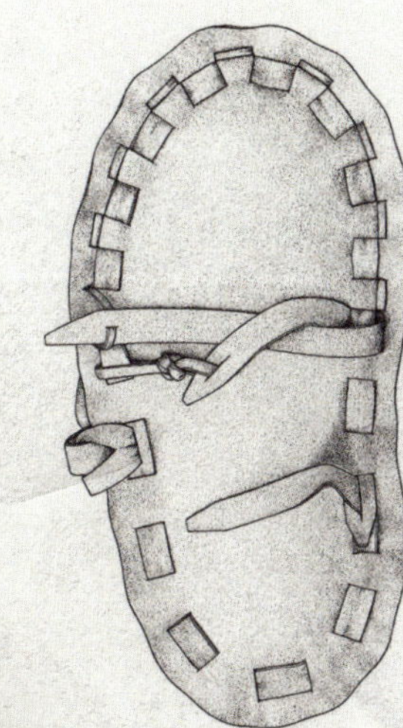

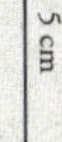

5 cm

Als er im Herbst 1991 in der Mulde gefunden wurde, lehnte sein Bogenstab im Einschnitt eines Felsblocks, circa vier Meter von der Mumie entfernt. Eine Spitze des Stabs steckte so fest im gefrorenen Boden, dass sie bei der unvorsichtigen Bergung abbrach. Auf dem Felsblock lagen das Beil und das Holzgestell der Rückentrage – ganz so, als habe Ötzi diese Ausrüstung mit Bedacht dort abgelegt. Wenn es so war, kann der Fels zur Tatzeit kaum unter Schnee gewesen sein.

Der Ledersack des Köchers mit den Pfeilen lag zwei Meter vom Beil und dem Holzgestell entfernt auf der anderen Seite der Mulde, auf einem Felsband circa 30 Zentimeter tiefer als Beil und Holzgestell. Warum hätte Ötzi den Köcher so weit entfernt von der übrigen Ausrüstung deponiert? Würde er nicht instinktiv die Pfeile neben den Bogen legen, auch wenn dieser noch nicht einsatzbereit war? Und warum lag er selbst vier Meter von seiner Ausrüstung entfernt?

„Interessante Frage", sagt der Fallanalytiker. „Welche Erklärung haben wir dafür?"

„Nachdem Ötzi getroffen war, war er sicher noch handlungsfähig. Er kann noch einige Schritte gemacht haben, zumindest über jene vier Meter, die er 1991 von Beil und Bogenstab entfernt lag", vermutet Peschel. „Und die Position des Köchers können wir mit dem Schmelzwasser erklären. In den Tauphasen der letzten 5200 Jahre war die Mulde immer wieder voll Wasser. Der leichte Fellsack mit den Pfeilen und Rohlingen trieb dann im Wind umher, bis er schließlich auf dem Felsband liegen blieb."

Die Pfeilschäfte sind noch im Fellsack unter dem Gewicht von Eis und Schnee zerbrochen. Das ist an dem Haselnuss-Stock zu erkennen, der als Verstärkung in den Sack eingenäht war. Die Versteifung ist an der gleichen Stellen gebrochen wie

Die Bergung

„Der Mann aus dem Eis“, so die wissenschaftliche Bezeichnung von Ötzi, wurde am 19. September 1991 entdeckt. Die Bergung begann tags darauf. Dabei wurde auch der Bogenstab gefunden. Er lehnte in einer Neigung von rund 30 Grad an einem Felsen.

Der Köcher

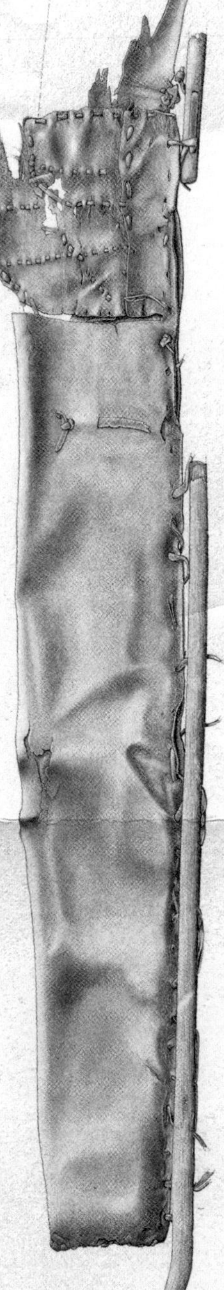

Der Köcher besteht aus einem circa 90 Zentimeter langen Sack aus Leder (wahrscheinlich von einem Rehbock). Er war mit einer ledernen Klappe verschließbar. Zur Verstärkung war der Sack seitlich mit Lederbändern an einem Haselnussstock befestigt. Der Stock war zerbrochen, vermutlich unter dem Druck von Eis und Schnee.

1 cm

die Pfeilschäfte. Sie sind später aus dem Fellsack geglitten, die exakt zueinanderpassenden Bruchstücke lagen nicht weit voneinander entfernt. Auch die leichten Birkenrindengefäße und einige Schnüre lagen verstreut in der Mulde. Einige Forscher vermuten sogar, dass die Mumie selbst vom Schmelzwasser an die Stelle in der Mulde gebracht wurde, in der sie gefunden wurde – was den Abstand zwischen ihr sowie Beil und Bogen erklären würde.

„Schmarrn", urteilt der Gerichtsmediziner. „Wenn die Mulde voll Schmelzwasser ist, taut die Mumie auf. Die paar Male, die wir sie im Museum für Untersuchungen aufgetaut haben, konnten wir feststellen: Ötzi ist nicht komplett starr wie eine Trockenmumie, seine Glieder können wir bewegen. Nicht wie bei Ken und Barbie, aber immerhin. Was wäre also passiert, wenn er nicht von Anfang an mit seinem Oberkörper auf diesem Stein gelegen, sondern im Schmelzwasser herumgetrieben wäre? Richtig, sein linker Arm wäre mit der Schwerkraft nach unten gesunken und wir sähen ihn nicht in der bekannten Position mit diesem unnatürlich abgewinkelten Arm unterm Kinn. Und wäre die Mumie vom Schmelzwasser bewegt worden, würde seine Fellmütze nicht genau unterhalb von seinem Kopf gefunden worden sein."

„Warum nicht? Er wird sie auf dem Kopf getragen haben."

„Als Ötzi gefunden wurde, hatte er sie nicht auf. Sie muss ihm irgendwann mal vom Kopf gerutscht sein. Wäre die Mumie im Schmelzwasser durch die Mulde getrieben, hätte die im Wasser schwimmende Mütze genau dieselbe Bewegung machen müssen, damit sie unter dem Kopf zu liegen kam. Das ist nicht nachvollziehbar."

Die Mütze

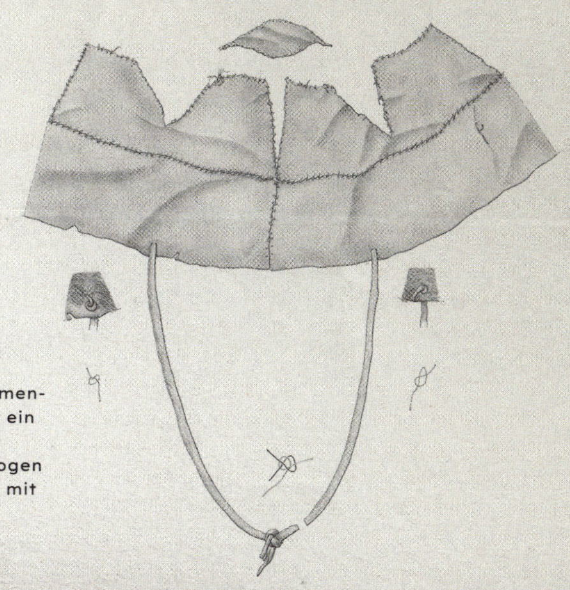

Die Mütze ist aus zwei Braunbärfellen zusammengenäht. Sie wurde erst ein Jahr nach der Mumie gefunden, als Archäologen den gefrorenen Boden mit Heißluft auftauten.

1 cm

„Die Mütze kann erst später vom Kopf gerutscht sein – nachdem die Leiche bereits längere Zeit an der Stelle gelegen hatte.“

Wurde Ötzi nicht dort erschossen, wo er und seine Ausrüstung 1991 lagen? Auf diese Hypothese kam ein Forscherteam bei der Analyse von Klimamodellen und Bewegungsmustern von schmelzendem Gletschereis. Demnach sei Ötzi tatsächlich im Frühling oder Frühsommer zum Tisenjoch aufgestiegen, als dort meterhoch Schnee lag. Bei viel Schnee ist das Tisenjoch eine fast ebene, leicht nach Osten abfallende Fläche. Das Forscherteam ging nicht darauf ein, wie Ötzi mit seiner Ausrüstung unter den angenommenen Verhältnissen das Joch erreicht haben könnte. Aber es vertrat die These, er habe nicht in der Mulde, sondern auf der Schneefläche Rast gemacht. Er habe seine Rückentrage abgelegt, daneben sein Beil, den Bogenstab, den Köcher mit den Pfeilen und seine übrige Ausrüstung deponiert. Und dort sei er selbst liegen geblieben, nachdem er vom Pfeil getroffen worden war. Später sei er eingeschneit oder von einem Schneesturm zugedeckt worden. In den folgenden Jahrzehnten sei die Leiche mitsamt der Ausrüstung immer tiefer in Eis und Schnee eingesunken, bis sie schließlich in der Mulde lag, die sich zufällig genau unterhalb der Stelle befunden habe, an der er erschossen worden war. Dieses Einsinken würde erklären, warum die Mumie und die Ausrüstung bei ihrer Entdeckung einige Meter voneinander entfernt lagen.

Warum aber sollte Ötzi auf einem offenen Schneefeld eine Rast einlegen? Plausibler wäre, dass er in Richtung Ötztal weitergegangen wäre, sofern er dorthin wollte, und sich an einer windgeschützten, trockenen Stelle gestärkt hätte. Und wie kann es sein, dass der Bogenstab später genau in dem

Einschnitt eines Felsblocks lehnte, mit einer Neigung von 30 Grad und einer Spitze am Boden? Wie war es möglich, dass auch das Beil und Tragegestell auf dem Felsen unmittelbar daneben lagen, als hätte Ötzi alles mit Bedacht dort abgelegt? Und schließlich: Wie hätte der Schütze auf einem offenen Schneefeld, mit freier Sicht nach allen Seiten, sich nahe genug an Ötzi heranpirschen können, ohne von ihm gesehen zu werden?

„Wie es bei viel Schnee oben aussieht, können wir uns gleich anschauen", sagt Putzer und verbindet sich mit einer Webcam, die die Universität Innsbruck mit Blick auf die Ötzi-Fundstelle installiert hat. „Hier haben wir zum Beispiel eine Aufnahme vom Mai 2023: Das Joch ist vollkommen zugeschneit. Die Mulde, in der Ötzi lag, ist hier vorne. Wenn der Schütze, wovon wir ausgehen, aus einer Distanz von 30 Metern geschossen hat, müsste er sich ungefähr bis hierher an Ötzi herangemacht haben. Doch wie hätte das gehen sollen? Auf einem offenen Schneefeld sieht Ötzi ihn bereits von Weitem kommen."

„Wir müssen es vor Ort klassisch rekonstruieren", sagt Alexander Horn. „Wir sollten ausmessen, von wo aus der Schütze wahrscheinlich geschossen hat. Dann müssen wir feststellen, wie er von der Kante des Jochs zu seiner Schussposition gekommen ist und welche Deckung er dabei hatte. Schließlich müssen wir bewerten, warum Ötzi ihn nicht kommen sah."

Link zur Webcam an der Fundstelle

universität
innsbruck
30 m
foto-webcam.eu

SCHUSS AUS DEM HINTERHALT

„Es ist davon auszugehen, dass der Täter sich dem Opfer bis auf circa 30 Meter von hinten annäherte. Anzeichen für eine Wahrnehmung der Annäherung durch Ötzi finden sich aufgrund des von hinten erfolgten Angriffs nicht. Es ist daher von einer heimtückischen Annäherung auszugehen. Diese verdeckte Annäherung ist nicht einfach zu bewerkstelligen und deutet auf Ortskenntnisse seitens des Täters hin."

Wer ein Buch über den Fall Ötzi schreiben will, muss zumindest einen Teil des Weges gehen, den Ötzi kurz vor seinem Tod gegangen war, meinte Alexander Horn und grinste. Also mache ich mich an einem Sommertag in aller Früh auf den dreieinhalb Stunden langen Aufstieg zum Tisenjoch. Meine Aufgabe: herausfinden, was Ötzi gesehen haben könnte, und was sein mutmaßlicher Verfolger.

Vom Grund des Schnalstals steigt das Gelände zunächst steil an. Zu Ötzis Zeiten war es wahrscheinlich dicht bewaldet. Die Waldgrenze verläuft heute auf rund 2200 Metern, damals dürfte sie höher gewesen sein. Wo jetzt der Wald aufhört, wird das Gelände flacher und geht ins offene Tisental über. Bis zu einer ersten, das Tal querenden Bodenwelle ist das Gelände gut zu überblicken. Bis dorthin brauche ich im Schritt des Bergwanderers 20 Minuten. Auf der Welle ein

Blick zurück: Wäre jemand weniger als diese 20 Minuten hinter mir her, würde ich ihn oder sie sehen. Weiter vorne folgt in einer Entfernung von rund 30 Gehminuten eine zweite, markantere Geländestufe. Wäre ich Ötzis Verfolger und eine halbe Stunde hinter ihm, würde ich gerade noch sehen können, wie er dahinter verschwindet. Und drehte er sich nicht ausgerechnet in diesem Augenblick noch um, würde er nicht bemerken, dass ihm jemand folgt.

Auf circa 2700 Metern endet das Tisental in einem Bergkessel. Der viel begangene Wanderweg Nr. 2 führt steil rechts hinauf bis auf 3019 Meter zu der im Jahr 1898 eröffneten Similaunhütte. Der Weg war bereits Mitte des 19. Jahrhunderts in den Fels geschlagen worden, um auf der Route ins Ötztal einen niedereren Übergang zu haben als das Tisenjoch. Ötzi dagegen muss im Grund des Kessels dem natürlichen Gelände nach halblinks gefolgt sein. Es steigt zunächst nur mäßig steil an, zwischen Steinen gurgelt der noch junge Tisentalbach. Auf 2820 Metern ist eine kleine Ebene erreicht, vor mir türmt sich der letzte Steilhang auf: fast 400 Höhenmeter, Geröllhalden, dazwischen ein quer verlaufender Felsriegel.

Die Steinpyramide, die das Tisenjoch markiert, ist nur vom unteren Tisental aus zu sehen, von hier aus nicht mehr. Ein Bergler sollte aber erkennen können, wo er durchs Geröll hinauf muss, um oben an der richtigen Stelle aus dem Hang zu kommen. Dennoch verirre ich mich im Felsriegel, verliere Zeit mit Klettern und brauche eine Stunde bis ganz nach oben. Ötzi hatte wahrscheinlich ein besseres Auge fürs Gelände, vielleicht war er bereits einmal oben gewesen. Er dürfte auf Anhieb eine Passage durch den Riegel gefunden haben und deutlich schneller gewesen sein.

Vom Hang aus ist die zurückgelegte Wegstrecke bis hinunter zur Waldgrenze gut zu überblicken – auf einer Länge von circa zwei Gehstunden. Mit Sicherheit drehte auch Ötzi sich noch einmal um und schaute nach unten. War sein Verfolger noch weiter zurück? Oder duckte er sich rechtzeitig, als Ötzi sich umdrehte? Vielleicht lag das Tisental im Nebel. Oder war Ötzi, der Mittvierziger, kurzsichtig und konnte auf 50 Meter noch auf ein Wild zielen, aber auf eine längere Distanz nicht erkennen, dass jemand hinter ihm her war?

Dann der Fehler, der ihm wohl das Leben kostete. Oben angekommen, ließ Ötzi sich nicht direkt am Tisenjoch zur Rast nieder, wo er den letzten Steilhang unter Kontrolle gehabt und seinen Verfolger rechtzeitig gesehen hätte, sondern 70 Meter weiter hinten in jener Mulde, in der er 1991 gefunden wurde. Blies übers Joch starker Wind aus Südwest? In der Mulde wäre er davor etwas geschützt gewesen. Bei archäologischen Grabungen wurden im Boden Holz- und Kohlereste sowie Bruchstücke von Silexspitzen gefunden. Sie zeigen, dass die Mulde schon von Jägern der Steinzeit als Rastplatz benutzt worden war. Weitere Funde stammen aus der Hallstattzeit, als die Mumie bereits seit über 2000 Jahren unter Schnee und Eis lag. Offenbar war sie zumindest so überdeckt, dass sie nicht zu sehen war. Andernfalls würde wahrscheinlich zumindest das Kupferbeil fehlen. Menschliche Spuren aus einer derart großen Zeitspanne lassen darauf schließen, dass von der Mulde irgendeine Anziehungskraft ausging. Und sei es nur, weil sie den Wind abhielt.

Die Steinpyramide wurde einige Jahre nach dem Fund von Ötzi errichtet – als Orientierung für die zahlreichen Schaulustigen, die von der Similaunhütte und vom Ötztal zur Fundstelle wandern. Alexander Horn, Oliver Peschel und

Die Route

Der Weg, den Ötzi durchs Tisental zum 3188 Meter hohen Tisenjoch (Pfeil) genommen haben dürfte, war vom Gelände vorgegeben. Links das oberste Steilstück durch den markanten Felsriegel. Dies war bis in die Mitte des 19. Jahrhunderts die direkte Route vom Schnalstal ins Ötztal. Später wurde ein Steig über das mit 3019 Metern etwas tiefere Niederjoch angelegt.

Tisenjoch
Niederjoch

Andreas Putzer sind bereits dort. Ötzis Mulde befindet sich in einem schmalen Felsrücken aus rostbraunem Glimmerschiefer, der sich von der Kante des Tisenjochs circa 100 Meter nach Nordosten zieht. Der natürliche Übergang in Richtung Ötztal verläuft einige Meter unterhalb davon. Abgesehen von einigen Schneeresten in Senken, wie auch in der Mulde, ist das Joch an diesen Tagen schnee- und eisfrei.

Mit meinen 176 Zentimetern bin ich von uns vieren der kleinste und Ötzis Körpergröße am ähnlichsten. Horn beordert mich in die Mulde. Als ich dort bin, kann er mich von der Pyramide aus nicht mehr sehen, selbst wenn ich aufrecht darin stehe. Ötzi war fast um einen Kopf kleiner, und sollte er sich für seine Rast hingesetzt haben, war er erst recht hinter den Felsen versteckt. Wie also konnte sein Verfolger wissen, dass er in dieser Mulde war? War der Verfolger schon einmal oben gewesen und erinnerte sich an den natürlichen Schutz, den diese längliche Versenkung zwischen den Felsen bietet? Oder stand Ötzi für einen Moment auf dem Felsrand der Mulde, sodass er von der Jochkante aus zu sehen war?

Der Schluss, den Horn zieht: „Wenn er nicht damit rechnet, dass Ötzi dort sein könnte, geht er unterhalb der Mulde vorbei und verpasst ihn. Oder er stolpert in Ötzi hinein, und dann: ‚Servus, was machst du denn hier?' Das passt aber nicht zum Schuss, den Ötzi von hinten bekommen hat. Der Täter muss also zumindest vermutet haben, dass Ötzi dort sein könnte, und sich angeschlichen haben."

Wie lange war Ötzi vor seinem Verfolger am Tisenjoch? Um Stunden? Das würde erklären, warum er beim Aufstieg niemanden hinter sich gesehen hatte. Doch ein so großer Abstand passt schlecht ins Bild einer Verfolgung. Und weshalb hätte Ötzi so lange am Joch bleiben sollen? „An seinem Bogen hat er wahrscheinlich nicht gearbeitet. Holzspäne wären unter dem Eis ähnlich gut erhalten geblieben wie die Mumie und die Ausrüstung. Doch bei den Grabungen wurden keine gefunden", sagt Putzer.

Wäre Ötzi mit seiner Handverletzung zum Schnitzen und Schaben überhaupt in der Lage gewesen?

„Es war kein Nerv und keine Sehne verletzt, er hätte nur den Schmerz aushalten müssen. Und an Schmerzen war er sicher gewöhnt, nach einem über 40 Jahre langen Leben ohne Aspirin und Paracetamol", vermutet Peschel.

Ötzi starb mit einem vollen Magen. Offenbar hatte er in der Mulde seinen gesamten restlichen Proviant verspeist. Weder in seiner Gürteltasche noch bei seiner Rückentrage wurden Spuren von Essbarem gefunden. Allerdings könnten etwaige Reste nachträglich von Vögeln oder Insekten gefressen worden sein. Peschel versucht, mit dem Wissen des Mediziners Ötzis Verweildauer am Tisenjoch zu schätzen. „Unter normalen Umständen braucht ein durchschnittlicher Magen circa eineinhalb Stunden, um geselchtes Wildfleisch so weit zu verdauen, dass es weiter in den Zwölffingerdarm rutscht. Von Ötzis letzter Mahlzeit hatte noch nichts den Darm erreicht. Demnach traf ihn der Pfeil, als er gerade mit dem Essen fertig war, oder höchstens 90 Minuten danach."

„Vor dem Essen kann er nicht getroffen worden sein", wirft Horn mit seinem Humor ein. „Mit dem Pfeil bereits in seinem Rücken würde er sich nicht gesagt haben: Ich hab' grad Lust auf Steinbockfleisch, jetzt nehm' ich erst mal ein Stück davon."

Warum schlug sich Ötzi, wenn er denn auf der Flucht war, überhaupt mit Trockenfleisch und Brot den Bauch voll, anstatt so schnell wie möglich weiterzugehen? Es ist eine der zentralen Fragen in diesem Fall. Der Schluss, den der Fallanalytiker zieht:

„Er wird sich gedacht haben, das Joch ist erreicht, es war eine anstrengende Partie, ich habe hinter mir niemanden gesehen, jetzt stärke ich mich mal. Es deutet alles darauf hin, dass er sich nicht akut bedroht fühlte, oder nicht mehr. In seiner Wahrnehmung war die Sache ausgestanden."

***

Der Täter schoss wahrscheinlich aus 30 Metern. Diese Distanz ist eine Schätzung. Sie beruht auf den Versuchen mit einem Nachbau von Ötzis Bogen, bei denen – wie bereits erwähnt – ein Stück Schweinefleisch aus 20 Meter Entfernung durchschlagen wurde. Und sie berücksichtigt, dass Ötzi einen Fellmantel und darüber einen Grasumhang getragen hat.

Aus kürzerer Distanz wäre der Pfeil wahrscheinlich tiefer eingedrungen – und der Schütze hätte vermutlich genauer getroffen. Oliver Peschel zeichnet mit seiner Hand ein Quadrat auf meinen Rücken. „25 mal 25 Zentimeter – das ist bei Ötzis Statur ungefähr der Bereich, in dem ein Pfeilschuss mit einiger Wahrscheinlichkeit tödlich ist. Der Pfeil traf ihn hier, am oberen Rand dieses Quadrats. Zwei, drei Zentimeter höher, und Ötzi hätte höchstens eine Fleischwunde erlitten. Abgesehen vom Hals ist die beste Stelle die mittlere Höhe des Rückens, wo der Lungenstiel sitzt. Da haben wir Herz, Lunge, die großen Gefäße … Wenn der Schuss leicht schräg links oder rechts an der Wirbelsäule vorbei in eines der großen Gefäße geht, ist es in kürzester Zeit zappenduster. Wenn der Schütze sichergehen wollte, dass Ötzi hundertprozentig über den Jordan marschiert, hätte er eigentlich so nahe rangehen müssen, dass er in dieses Quadrat trifft. Aber: Ist er nahe dran und trifft dennoch nicht richtig, vielleicht, weil der Wind den Schuss verzieht, und der Ötzi nimmt das Beil und spurtet auf ihn los …"

30 Meter waren offenbar ein Kompromiss: nahe genug für einen halbwegs genauen Schuss und zugleich ein Sicherheitsabstand. Hätte der Schütze sich noch näher heranschleichen wollen, wäre Ötzi womöglich auf ihn aufmerksam geworden. „Dann wäre es zu dem Nahkampf gekommen, den Ötzis Verfolger offenbar vermeiden wollte. Nach dem, was in der Auseinandersetzung zwei, drei Tage zuvor vorgefallen sein muss, wird er sich gedacht haben: Dem komme ich besser nicht zu nahe, selbst wenn er verletzt ist. Vor Ötzi und seinem Beil hatte der sicher Respekt", vermutet Horn.

Die wahrscheinliche Strategie: lieber weiter weg und der Schuss nicht so genau, dafür aber mit der Chance auf einen zweiten Pfeil. Andreas Putzer hat sich vorsorglich kundig gemacht, mit welcher Geschwindigkeit Pfeile von historischen Bögen fliegen. „In der ersten Sekunde legen sie im Schnitt rund 50 Meter zurück. Bei einer Schussdistanz von 30 Metern war der Pfeil bis zum Einschlag in Ötzis Rücken etwas mehr als eine halbe Sekunde unterwegs. In der Zeit konnte der Schütze bereits über seine Schulter zu seinem Köcher langen. Und bevor Ötzi richtig begriffen hat, was passiert, war der zweite Pfeil vermutlich schon eingelegt."

Also stehen wir jetzt in der Mulde ungefähr dort, wo Ötzi gefunden wurde, und halten nach der Stelle Ausschau, an der der Schütze gestanden haben dürfte. Oliver Peschel hat als routinierter Jäger seinen Laser-Entfernungsmesser bei der Hand. Auf dem Felsrücken, der von der Kante des Jochs zur Mulde führt, liegt in genau 30 Meter Entfernung ein circa ein Kubikmeter großer Felsblock. Der Block wird mit früheren

Der beste Weg, sich unbemerkt bis auf 30 Meter Ötzi anzunähern, dürfte im Sichtschutz des Felsriegels gewesen sein, der die Nordseite der Mulde bildet. Der Kreis markiert den Felsblock, von dem aus der Täter geschossen haben könnte.

Die Position des Täters

Hatte der Täter sich tatsächlich bis an den Felsblock herangepirscht, so war dies seine Perspektive auf die Mulde. Ötzi starb dort, wo die Statistin und ihr Rucksack im Schnee stehen. Distanz: genau 30 Meter.

Gletscherbewegungen an diese Stelle gebracht worden sein, und es spricht vieles dafür, dass er seitdem seine Position nicht verändert hat. Immerhin wiegt ein Kubikmeter Glimmerschiefer circa 2,9 Tonnen.

Von der Kante des Tisenjochs verläuft der Felsrücken in einem leichten Rechtsbogen zur Mulde. Nahe am Tisenjoch ist er rund drei Meter hoch, zur Mulde hin wird er flacher. Blieb der Schütze an der linken Seite des Rückens, konnte er sich – Andreas Putzer stellt es nach – bis zum Felsblock heranpirschen, ohne von der Mulde aus gesehen zu werden. Vorausgesetzt, auf dem Tisenjoch lag nicht meterhoch Schnee. Das geräuschlose Annähern war der Schütze wahrscheinlich von der Jagd gewohnt. Hinter den Felsblock geduckt konnte er dann einen Großteil der Mulde überblicken. Er würde Ötzi vor sich gesehen haben, circa zwei Meter tiefer, den Rücken ihm zugekehrt. Und er würde genug Zeit gehabt haben, einen Pfeil einzulegen, zu zielen, den Bogen durchzuziehen …

Warum entschied er sich für einen Schuss aus der Distanz? Wusste er, dass Ötzi keinen funktionsfähigen Bogen bei sich hatte? Oder griff er als guter Bogenschütze, der er vermutlich war, einfach auf das zurück, was er am besten beherrschte?

„Tötungen aus der Distanz sind aus heutiger Sicht eher ungewöhnlich“, berichtet der Kriminaloberrat. „Wir haben sie im Krieg. In persönlichen Auseinandersetzungen werden die meisten Tötungsdelikte aber aus der Nähe begangen: Schädel einschlagen, erwürgen, zustechen, aus nächster Nähe abdrücken. Wahrscheinlich wusste der Täter, dass Ötzi selbst mit einer verletzten Hand ein gefährlicher Gegner war. Und er selbst vertraute wohl auf seine Treffsicherheit. Hätte ich die

Wahl, würde ich die Pistole nehmen, weil wir damit trainieren und ich weiß, wie es geht. Gegen Oliver würde ich nicht mit einem Messer vorgehen, weil mit Messern hat er mehr Erfahrung."

„Von hinten, wie auf den Wildschütz Jennerwein, ist aber hinterfotzig. Wir wissen nicht, ob es damals bereits einen Ehrenkodex gab. Aber in späteren Kulturen war vor allem der Zweikampf ehrenvoll, der Sieg über einen Gegner im direkten Gegenüber", wirft Peschel ein. „Andererseits war ein Schuss aus der Distanz erfolgsorientiert. Wir sehen an ihm die klare Absicht zu töten. Das war keine Tat im Affekt."

***

Der *Plexus brachialis*, ein Nervengeflecht in der Schulter, von dem Stränge auch zu Ober- und Unterarm verlaufen, war nicht getroffen. Ötzi wird starke Schmerzen in der Schulter gespürt haben, aber keine Lähmung des linken Arms. Wie reagierte er?

Der Einschusskanal verläuft ansteigend. Als Ötzi getroffen wurde, muss sein Oberkörper nach vorn gebeugt gewesen sein. Peschel macht es vor. „Er kann gestanden oder gesessen sein, auch gekniet wäre möglich. Was wir anhand des Einschusskanals aber nicht rekonstruieren können, ist die Stelle, an der Ötzi sich befunden hat. Wir können es nur aus unserem eigenen Verhalten ableiten. Wenn wir auf einer Bergwanderung Brotzeit machen, legen wir unseren Rucksack und die Wanderstöcke in der Regel dort ab, wo wir uns hinsetzen wollen. Umso mehr wird das auf Ötzi und seine besondere Situation zugetroffen haben. Als er sich über seinen Proviant hergemacht hat, befand er sich wahrscheinlich in unmittelbarer Nähe seines Bogenstabs, des Beils und der Rückentrage.

Aber nach diesem Treffer fällt er nicht auf der Stelle tot um, das tun die Leute nur im Film. Mit dem Pfeil im Rücken hat er sich noch bewegen können."

Hätte Ötzi nach dem Treffer mit seinem Beil einen Gegenangriff versucht, hätte es nach seinem Tod in seiner rechten Hand gelegen oder unmittelbar daneben. Das Beil lag 1991 aber vier Meter von der Mumie entfernt auf dem Felsen neben dem Bogenstab und der Rückentrage. Griff Ötzi nach seinem Dolch, mit dem er das Trockenfleisch geschnitten haben dürfte? Ein Teilnehmer der Bergung von 1991 glaubte sich zu erinnern, dass die rechte Hand der Mumie den Griff des Messers umklammerte – eine Beobachtung, die später als Sinnestäuschung interpretiert wurde. Eine mögliche Erklärung: Ötzis Rechte ist halb zur Faust geschlossen, so als hätte sie im Tod einen Schaft umklammert.

„Das sehen wir öfter bei Leichen", sagt Peschel und liefert die Erklärung. „Die Beuger in der Unterarmmuskulatur sind im Normalfall stärker als die Strecker. Bevor die Totenstarre eintritt, können die Beuger sich leicht zusammenziehen. Dann sieht es so aus, als hätte die Hand etwas umklammert."

Falls der Schütze tatsächlich hinter dem Felsblock war, auf den wir mit unserer Messung gestoßen sind, würde er gesehen haben, dass der erste Pfeil ein Treffer war. Aber seine Wirkung könnte noch nicht klar erkennbar gewesen sein. Mit Feuerwaffen werden zur Sicherheit meist mehrere Schüsse abgegeben. Die Verfügbarkeit von Pfeilen ist in der Regel aber begrenzter als die von Projektilen. Daher setzen Bogenschützen sie möglichst sparsam ein. Also dürfte der Schütze mit einem bereits eingelegten zweiten Pfeil auf eine Reaktion gewartet haben – bereit, ein weiteres Mal zu schießen, falls es wirklich notwendig war.

Die Fundstelle

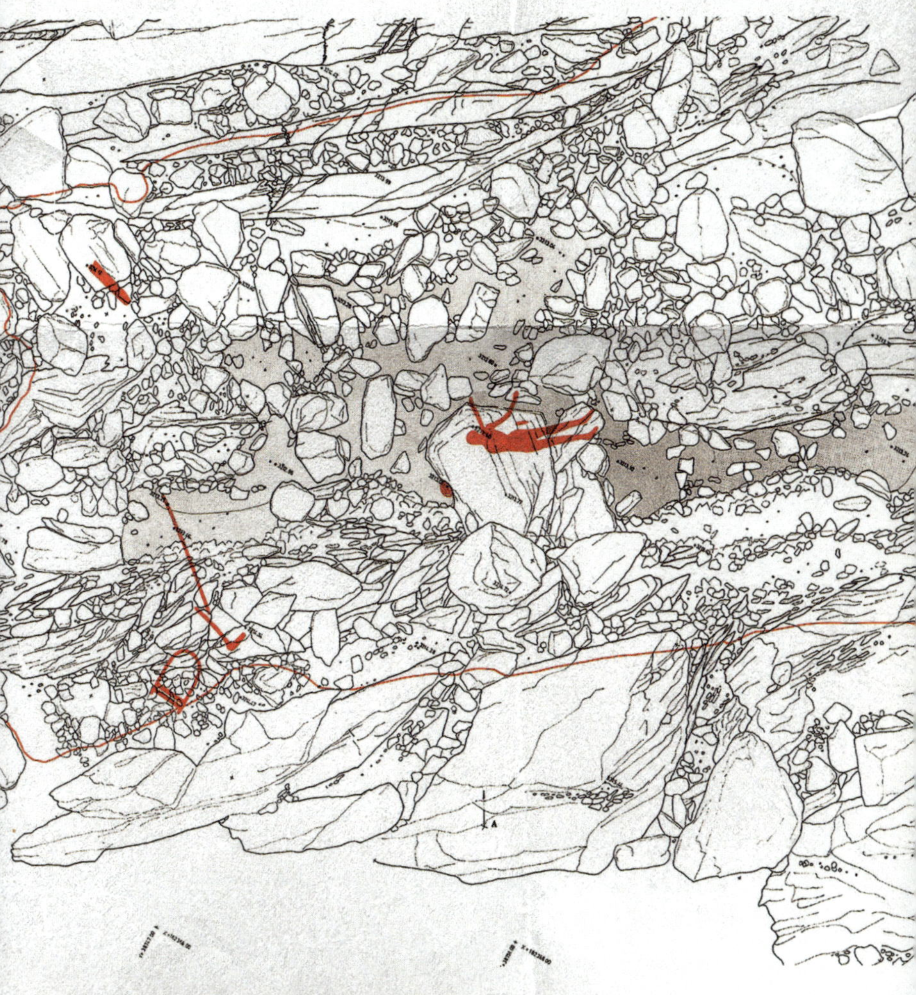

Als Ötzi 1991 gefunden wurde, lagen sein Beil, der Bogenstab und die Rückentrage circa vier Meter von der Mumie entfernt (links unten im Bild). Der Köcher mit einigen der Pfeile lag auf der anderen Seite der Mulde. Die Mütze war im Eis unterhalb des Kopfes festgefroren und wurde erst später gefunden.

5 m

Die Faust

Ötzis halb zur Faust geschlossene rechte Hand sieht so aus, als habe er im Sterben seinen Dolch umklammert. Wahrscheinlicher ist, dass sich die Muskulatur im Unterarm vor Eintritt der Totenstarre zusammengezogen hat – eine bei Leichen öfter feststellbare Reaktion.

Peschel vermutet, dass sich der Schütze wie auf der Jagd verhielt. „Ist ein Wild getroffen, werden erfahrene Jägerinnen und Jäger erst einmal nur beobachten. Als Faustregel gilt: eine Zigarettenlänge lang. Bei einer zu frühen Annäherung mobilisiert ein nur wundgeschossenes Tier seine letzten Kräfte und flüchtet. Die damaligen Jäger hatten sicher auch keine Lust, lange einer Beute hinterherzurennen. Auch sie werden gewusst haben: Schuss, dann erst einmal warten." Und dann: „Ötzi war mit dem Pfeil im Rücken in einer saublöden Situation. Er wird gespürt haben, dass er Blut verlor und schwächer wurde. Und er wird gewusst haben, dass er die Blutung stillen musste, wenn er eine Chance haben wollte."

Ein Hilfsmittel dafür hätte er bei sich gehabt: zwei Fruchtkörper eines Birkenporlings. Ihm wird in der Naturheilkunde eine antibiotische und blutstillende Wirkung zugeschrieben. Allerdings hätte Ötzi sich zuvor selbst den Pfeil aus der Schulter ziehen müssen – fast unmöglich an der Stelle, an der er steckte. Und der Schütze hätte ihn gewähren lassen müssen. Auch das ist unwahrscheinlich.

Saß er die ganze Zeit auf dem Felsblock und sah Ötzi beim Sterben zu?

1 cm

Die Birkenporlinge

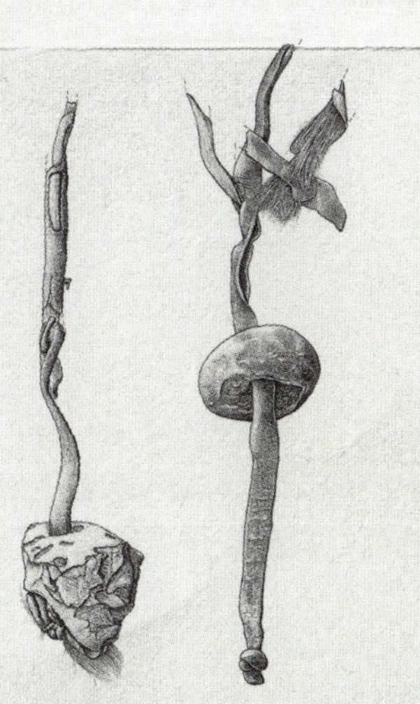

Der Birkenporling ist ein Baumpilz, der häufig am Stamm von alten Birken wächst. Ötzi hatte die beiden Pilze zu kleinen Kugeln zurechtgeschnitten und an dünnen Lederriemen aufgefädelt.

EIN BILD DES TÄTERS

„Es finden sich keine Anzeichen für eine Wegnahme von Wertgegenständen, obwohl diese vorhanden waren. Auch keine Anzeichen für das Bedürfnis der Verstümmelung der Leiche. Der Täter zieht vermutlich seinen Pfeilschaft aus dem Oberkörper und lässt die Leiche in dieser Position liegen (Auffindungsposition). Es finden sich auch keine Anzeichen für etwaige destruktive Handlungen an den Gegenständen des Opfers. Es erweckt den Eindruck, dass mit der Tötung des Opfers das Ziel der Aktion/Handlung erreicht wurde.“

Als Ötzi gefunden wurde, befand er sich in Bauchlage, sein ausgestreckter linker Arm führte so knapp unter seinem Kinn hindurch nach rechts, dass er aussah wie ausgerenkt. In dieser unnatürlichen Körperhaltung würde er sich nicht zum Sterben hingelegt haben. Und auch wenn die Wucht des Pfeiles ihn vornüber geworfen und er sich danach nicht mehr gerührt hätte, wäre es kaum zu dieser Armstellung gekommen. Weitaus wahrscheinlicher ist: Als Ötzi starb, lag er auf seiner linken Seite.

So wie Alexander Horn es in der Hütte demonstriert hat. Er hatte sich auf den Boden gelegt, Oliver Peschel packte ihn am rechten Arm, zog ihn daran über die Schulter in die

Der linke Arm

Zu der ungewöhnlichen Stellung des linken Arms dürfte es gekommen sein, als der Täter den sterbenden Ötzi in die Bauchlage drehte, um den Pfeil aus dem Rücken ziehen zu können.

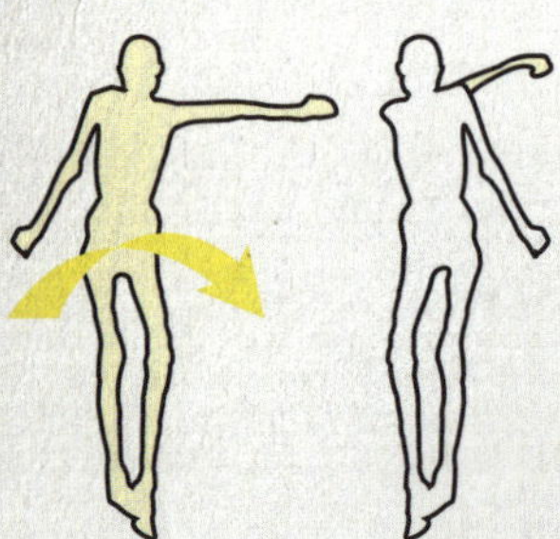

Bauchlage, stieg ihm mit einem Fuß ins Kreuz und griff nach einem imaginären Pfeilschaft im Rücken.

„So muss es gewesen sein: Der Schütze hat ihn umgedreht, damit er an den Pfeil kommt. Und dann lag Ötzi exakt so, wie wir ihn mit seiner seltsamen Armstellung kennen. Es ist die schlüssigste Erklärung für die Körperhaltung der Mumie und für das Fehlen des Pfeils."

Die Pfeilspitze in der Mumie steckt circa einen Millimeter vor der Unterschlüsselbein-Arterie, obwohl die Arterie zumindest angeritzt war. Als der Schütze den Pfeil herauszog, dürfte die Spitze um diesen Millimeter von dem Blutgefäß entfernt worden sein, ehe sie sich vom Schaft löste.

„Bemerkenswert ist, dass es zu keinem Hämatothorax gekommen ist, zu keiner Ansammlung von Blut in der Brust- oder Pleurahöhle. Bei einer Verletzung der Unterschlüsselbein-Arterie wäre das ein Klassiker", sagt Professor Peschel und setzt zu einer weiteren Vorlesung in Medizin an. Eine Blutung in die Brusthöhle kann innerhalb von Minuten zum Tod führen. Aufnahmen des Computertomografen von Ötzis Brust zeigen dort jedoch keine Spuren von Blut, wohl aber im Weichgewebe zwischen der Außenseite des Brustkorbs und dem Schulterblatt. Dort passt ohne Weiteres ein halber Liter oder gar mehr hinein, die Menge einer Blutspende. Um an Blutverlust nach dem Pfeilschuss zu sterben, muss Ötzi jedoch mindestens das Dreifache verloren haben. Wahrscheinlich drang viel Blut nach außen in Ötzis Fellmantel, obwohl der Pfeilschaft zunächst als Tamponade der Wunde gewirkt haben dürfte.

„Der Mantel wurde bei der Restaurierung gereinigt, aber nicht auf Blutspuren untersucht", berichtet Putzer. Außerdem ist vom Rückenteil des Mantels nichts erhalten geblieben.

Die Einschussstelle in Ötzis linker Schulter ist so klein, dass sie auf der mumifizierten Haut lange übersehen wurde. Erst als 2001, ganze zehn Jahre nach dem Fund der Mumie, ein Radiologe im Bozener Krankenhaus auf Aufnahmen des Computertomografen die 27 Millimeter lange und 18 Millimeter breite Pfeilspitze aus Feuerstein ausmachte (und sie dann auch auf einer zehn Jahre alten Röntgenaufnahme gesehen wurde), ist die Einschussstelle entdeckt worden.

Bei den Untersuchungen war zuvor nur eine auffallend breite Kluft über dem rechten Auge aufgefallen, zwischen Joch- und Keilbein. Hatte Ötzi nicht nur einen Pfeil in den Rücken bekommen, sondern auch eine Schädelfraktur erlitten? War er nicht an Blutverlust gestorben, sondern an den Folgen eines Schlages, in der Sprache der Forensiker an stumpfer Gewalt?

Diese öfter aufgestellte Hypothese stützt sich auf vier Befunde, in die Peschel uns nun einführt. Da ist, erstens, die Kluft im Schädelknochen. „Wir sehen nicht nur diese eine über dem rechten Auge. Er hat auch an anderen Stellen des Schädels minimal klaffende Knochenfugen. Aber das sind keine Brüche, sondern die Folgen eines normalen physikalischen Prozesses. Als er in der Mulde eingefroren ist, wird sich sein flüssigkeitshaltiges Gewebe ausgedehnt haben, worauf die Knochenfugen im Schädel, die jeder von uns hat, etwas geweitet wurden."

Zweitens: eine angebliche Platzwunde über der rechten Augenbraue – ähnlich einem Cut, wie ihn Boxer häufig erleiden. Sie war dem Radiologen an der Universitätsklinik Innsbruck aufgefallen, der die Mumie gleich nach ihrer Entdeckung untersuchte. Bei späteren Untersuchungen wurde die Wunde aber nie mehr gesehen. Peschels Erklärung: Der

Die Todesursache

Die Pfeilspitze in der linken Schulter der Mumie wurde erst 2001 auf einer Aufnahme des Computertomografen entdeckt. Auf älteren Röntgenbildern war sie übersehen worden.

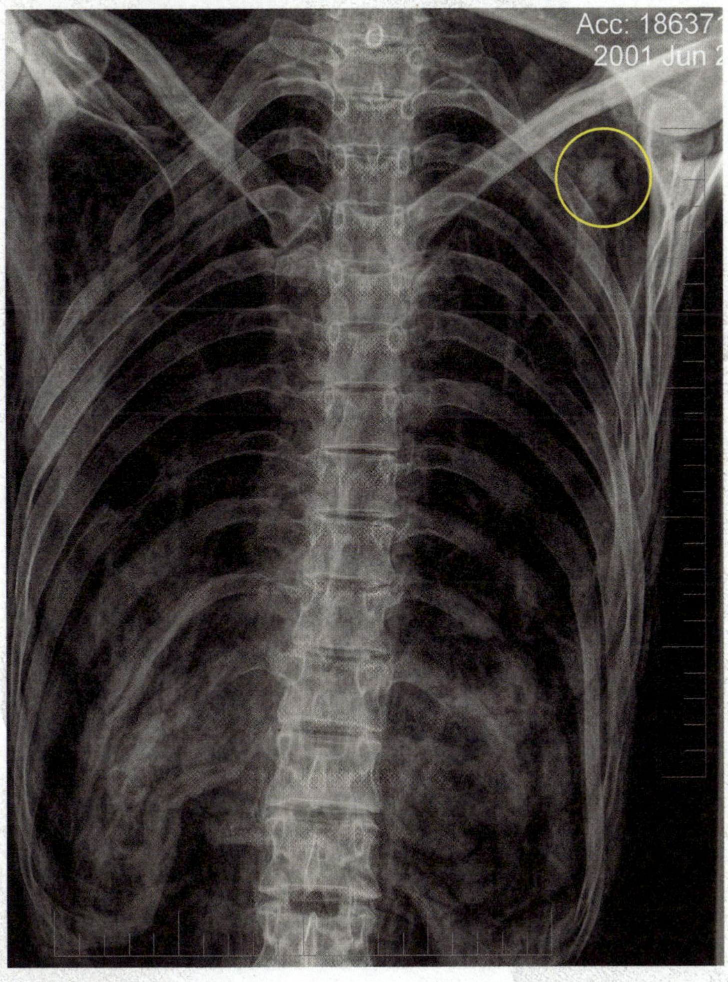

Radiologe sah die Mumie, bevor sie in eine Kühlzelle kam. Dort, im künstlich hergestellten Gletscherklima von minus sechs Grad und einer Luftfeuchtigkeit von nahezu 100 Prozent, ist die Haut von einer dünnen Eisschicht überzogen und die kleine Wunde vielleicht deshalb nicht zu erkennen. Und selbst wenn es sie geben sollte: Der Cut könnte erst lange nach Ötzis Tod entstanden sein – unter dem Druck von Eis und Schnee. Immerhin hat dieser Druck bei der Mumie auch zum Bruch des Nasenbeins und einiger Rippen geführt.

Drittens: Ötzis rechte Wange ist dunkler als die linke. Peschel zeigt auf seine eigene rechte Oberlippe. „Man könnte für eine Biopsie hier durch die Lippe nach oben punktieren, Gewebe entnehmen und feststellen, ob es zu einer Blutung infolge eines Schlages gekommen war. Bis dato haben wir darauf verzichtet, auch weil die dunklere Wange eine Folge der Lagerung sein kann." Ötzis Kopf war in den 5200 Jahren in der Mulde leicht nach links gedreht, lag also mehr mit der rechten Wange auf als mit der linken.

Viertens: der angebliche Contrecoup. Auf den Aufnahmen des Computertomografen von Ötzis Schädel ist im hinteren Bereich des Großhirns eine hellere Zone zu erkennen. Ein Forscherteam hat sie als Blutung nach einem sogenannten Contrecoup interpretiert – und, als eine Gewebeprobe entnommen wurde, darin tatsächlich rote Blutkörperchen festgestellt. Ein Contrecoup kann entstehen, wenn nach einem Aufprall auf den Hinterkopf das Gehirn gemäß dem physikalischen Gesetz von der Trägheit der Masse in die Fall- oder Aufschlagrichtung nachschwingt. Dadurch kommt es dort für einen kurzen Moment zu einem Überdruck und in der Folge an der diametral entgegengesetzten Seite zu einem Gegenschlag – wenn das Gehirn zurückschwingt und gegen die Schädeldecke knallt. Die Verletzungen aus einem solchen Contrecoup sind häufig ausgeprägter als vom eigentlichen Aufschlag.

„Aber: Einen Contrecoup gibt es nur bei einem Sturz auf den Hinterkopf, aber nicht, wenn's dich aufs Maul haut. Bei einem Schlag vorn auf den frei beweglichen Schädel verhindert die Gewichtsverteilung zwischen den Halbkugeln des Großhirns, des Kleinhirns, dem Kleinhirnzeltdach sowie der Brücke, die die Verbindung ins Mark der Wirbelsäule darstellt, dass das Gehirn hinten gegen den Schädelknochen knallt. Auch wenn Ötzi vorn einen Schlag erlitten hätte, würde es hinten zu keiner Gehirnblutung als Folge eines Contrecoups gekommen sein."

Aber in der aus dem Großhirn entnommenen Gewebeprobe waren doch nachweislich rote Blutkörperchen …

„Unser Gehirn ist voller Blut. 20 Prozent des Herzminutenvolumens, also von der Menge, die das Herz pumpt, gehen ins Gehirn. Wenn ich da reinbohre und rote Blutkörperchen finde, *so what*? Die stumpfe Gewalt ist für mich ein Mysterium, ein einziges großes Fragezeichen."

„Er starb also tatsächlich am Pfeil?"

„Ich sehe keine Alternative."

***

Ötzi hat augenscheinlich weder einen Gegenangriff versucht noch eine Flucht. Stellte er sich tot in der Hoffnung, der Täter würde von ihm ablassen und sich zurückziehen? Resignierte er? „Er wird gespürt haben, dass er als Folge des Blutverlusts schwächer wurde. Und er wird gewusst haben, dass in seiner Situation viel Bewegung keine gute Idee ist. Also wird er sich möglichst ruhig verhalten haben", glaubt Peschel und schildert die wahrscheinlichen Folgen.

Das Herz versucht einen großen Blutverlust durch verstärktes Pumpen auszugleichen. Ötzi war jedoch den Temperaturen eines 3210 Meter hohen Jochs ausgesetzt. Selbst wenn es ein vergleichsweise warmer Tag gewesen sein sollte, dürfte seine Haut ausgekühlt sein. Dadurch wird der Kreislauf noch mehr angefeuert, da der Organismus den Wärmeverlust auszugleichen versucht. Das von der Peripherie zum Herz zurückkehrende Blut wird immer kälter, bis der Kreislauf kollabiert. „Es ist plausibel, dass zum Verbluten eine Auskühlung dazugekommen ist. Hinweise darauf wären Blutungen in der Magenschleimhaut und im großen Lendenmuskel. Leider haben wir keine Chance, sie nach so langer Zeit nachzuweisen."

„Wie lange kann Ötzi noch gelebt haben?"

„Es können 20 Minuten gewesen sein, vielleicht auch eine halbe Stunde, genau kann ich es euch nicht sagen. Aber es wird relativ zeitnah nach dem Pfeilschuss zu Ende gewesen sein."

Nach einer Weile dürfte der Täter sich vorsichtig genähert haben, wahrscheinlich mit gespanntem Bogen. Er wird rasch erkannt haben, dass er nicht nachhelfen musste.

„Bei Tötungshandlungen, die keine sofortige Wirkung haben, kommt oft eine sekundäre Handlung hinterher, häufig mit einem Wechsel des Gewaltmediums: schlagen statt schießen, würgen statt schlagen … Das sehen wir bei Ötzi nicht", erklärt Horn. „Und noch etwas fällt auf: Es kommt zu keiner Übertötung."

Der Täter hat nicht nachträglich mit einem Stein oder Beil Ötzis Schädel zertrümmert, er hat nicht in blinder Wut mit einem Dolch auf ihn eingestochen und auch nicht seine

Ausrüstung demoliert. Er hatte offenbar keinen aufgestauten Hass, der sich oft – Horn und Peschel erzählen in plastischen Bildern von einigen ihrer Fälle – in einem Verstümmeln entlädt.

„Mit dem gezielten Schuss aus dem Hinterhalt war für den Täter die Sache offenbar erledigt. Da war keine heiße Emotion, wie wir sie bei Tötungsdelikten häufig sehen – als eine impulsive und unmittelbare Reaktion auf eine Handlung oder Äußerung. Im Fall von Ötzi war es eine kalte, berechnende Tötung, wie wir sie oft haben, wenn der Auslöser länger zurückliegt. Bei Ötzi wahrscheinlich die zwei, drei Tage, als es zu seiner Handverletzung gekommen war."

„Wäre nicht eine andere Reaktion zu erwarten? Der Täter war viele Stunden hinter Ötzi her. Das war anstrengend, und in der Anstrengung staut sich Groll an. Dann liegt Ötzi endlich vor ihm, und er lässt den Groll an ihm aus."

„Gerade weil der Täter lange hinter ihm her war, liegt der Fokus viel stärker auf dem Ergebnis. Es geht ihm darum, die Sache zu Ende zu bringen. Er hat einen Tötungswillen, seit er sich auf den Weg machte. Dann hat er den Ötzi vor sich, verpasst ihm den Schuss, lässt ihn noch ein bissl vor sich hinsterben, holt sich seinen Pfeil und … erledigt. Er hat erreicht, was er wollte. Mehr brauchte er nicht", resümiert der Kriminalist.

Dachte der Täter: Das ist mein Pfeil, den hol' ich mir wieder? Pfeile ließ man nach Möglichkeit nicht zurück, wenn sie nach einem Schuss noch intakt waren. Oder wollte der Täter nur verhindern, dass er an seinem Pfeil zu identifizieren war?

***

Webcam
Fundstelle
Steinpyramide

Fallanalysen enthalten in der Regel auch ein Täterprofil. Wer war der Unbekannte, der auf Ötzi geschossen hat? Woher kam er? Welche Fähigkeiten, welche Besonderheiten lassen sich erkennen? Wir lesen auf dem Betttuch an der Wand, was Alexander Horn in seinen Laptop tippt:
Männlicher Täter / Es ist von einem regionalen Täter (Untervinschgau) mit intensiven Ortskenntnissen auszugehen / Jäger und Bogenschütze mit hoher körperlicher Belastbarkeit / Strukturiertes Vorgehen bei der Verfolgung und Annäherung / Fähigkeit, die Emotionalität bei dem Delikt zu kontrollieren.

Männlich? Könnte es nicht auch eine Frau gewesen sein? Nicht erst die griechische Mythologie kennt Kämpferinnen, die ähnlich gut mit Waffen umzugehen wussten wie Männer und sie auch einsetzten.

„Aus der Kupferzeit sind aber kaum Frauengräber mit Beilen oder Dolchen als Grabbeigabe bekannt", wendet Andreas Putzer ein. „Viele, meistens männliche Archäologen und Anthropologen leiten davon eine Rollenverteilung ab, die vielfach noch heute dominant ist: Frauen hatten sich um die Zubereitung des Essens und um den Nachwuchs zu kümmern, Männer ums Kriegerische und um die Jagd. Ganz ausschließen können wir es nicht, dass Ötzi von einer Frau umgebracht wurde. Wahrscheinlicher ist aber doch, dass es ein Mann war."

Dass er aus der Gegend stammte und über Ortskenntnisse verfügte, ist zu vermuten. Ein Fremder hätte sich kaum zu einer Verfolgung in ein für ihn fremdes Gelände aufgemacht, noch dazu im Hochgebirge. Doch war der Täter allein?

„Das können wir nicht definitiv beantworten", sagt Horn. „In einer Kommandoaktion, zu zweit oder zu dritt, sind die

Erfolgschancen in der Regel größer – zumal dann, wenn der Überraschungsangriff samt gezielter Tötung aus dem Hinterhalt scheitert und es zu einer Flucht oder zum direkten Kampf kommt. Andererseits wäre das Risiko, dass Ötzi die Annäherung frühzeitig bemerkt, für eine Gruppe von Verfolgern größer gewesen als für einen Einzelnen. Und auch wenn wir von einem persönlichen Tötungsmotiv ausgehen, ist ein Einzeltäter wahrscheinlicher."

Könnte er Spuren hinterlassen haben, die mit der Analysetechnik von heute noch zu lesen wären? Etwa Hautpartikel auf der Pfeilspitze, aus denen sich ein genetischer Fingerabdruck rekonstruieren ließe?

Oliver Peschel schüttelt über so viel Naivität den Kopf. „Erstens würden wir nicht wissen, ob der, der geschossen hat, auch die Spitze in den Pfeil eingesetzt hat. Und zweitens stünden wir vor dem kleinen Problem: Wie kommen wir nach 5200 Jahren an den Menschen, zu dem die DNA passt?"

Auffallend ist die Beharrlichkeit des Täters. Er hätte, nachdem er über Stunden hinter Ötzi her war, irgendwann denken können: Soll der doch rennen, wegen dem plage ich mich nicht länger! Zumal er nicht wissen konnte, dass Ötzi sich am Tisenjoch sehr lange hinsetzen würde und er dort, auch wenn er die ganze Zeit außer Sichtweite hinter Ötzi her gewesen sein sollte, zu ihm aufschließen konnte.

„Auch das spricht für unsere Hypothese, dass es ein persönlich motiviertes Tötungsdelikt war. Es ging darum, eine Rechnung zu begleichen, es ging um Rache. Davon lässt man in der Regel nicht ab, nur weil der Weg bis zum Erreichen des Ziels langwierig ist. Daher brauchte der Täter auch kein Beweisstück, mit dem er seiner Gruppe unten im Tal Ötzis Tod bestätigen konnte. Im Gegenteil: Hätte er Ötzi das Kupferbeil abgenommen, würde es ihn verraten haben", glaubt Horn.

Das kann Andreas Putzer bestätigen. „Die Tatsache, dass das Beil oben liegen blieb, zeigt uns, dass der Täter zu Ötzis sozialer Gruppe gehörte. Ein Fremder oder auch nur das Mitglied eines rivalisierenden Familienclans hätte vermutlich keine Hemmungen gehabt, dem sterbenden oder bereits toten Ötzi alles abzunehmen, was er bei sich hatte."

Alexander Horn rekapituliert: „Der Täter nähert sich Ötzi und stellt fest: Der rührt sich nicht mehr oder nicht mehr lang. Er holt sich seinen Pfeil, macht aber nichts weiter mit ihm. Es wäre ein Leichtes gewesen, Ötzi auch noch den Schädel einzuschlagen. Aber es war dem Täter nicht mehr wichtig. Er ließ ihn einfach liegen und – ‚Habe die Ehre, hat mich sehr gefreut' – machte sich auf den Rückweg ins Tal."

***

„Eine Fallanalyse hat dann ihren Zweck erfüllt, wenn es uns gelingt, den Fall nachvollziehbar zu erklären", schreibt Alexander Horn in seinem Buch. Und er zitiert einen deutschen Psychologen, der untersucht hatte, wie 1986 im Kernkraftwerk Tschernobyl der Betrieb derart außer Kontrolle laufen konnte, dass es zur Katastrophe kam. „Man braucht keinen Informationshaufen, sondern ein ‚Bild' von der Sache, damit man Wichtiges von Unwichtigem trennen kann und weiß, was zusammengehört und was nicht."

Auf unserer Spurensuche haben wir nicht herausgefunden, welcher Tätigkeit Ötzi nachgegangen war, ob er in einer Familie eingebunden war und welche Rolle er in seinem sozialen Umfeld genau spielte. Wir haben uns aber ein Bild vom

Leben in der Kupferzeit machen und Ötzi darin einbetten können.

Wir haben nicht viel über sein Naturell in Erfahrung gebracht. Ob er besonnen oder impulsiv war, umgänglich oder gewalttätig, blieb im Dunkeln. Die zahlreichen medizinischen Befunde haben aber das Bild ergänzt, das der mumifizierte Körper nach 5200 Jahren abgibt. Wir haben auch nicht klären können, wie Ötzi in den Besitz des Kupferbeils gekommen war. Aber wir haben über das seltene Beil das Bild von einem Mann mit einem besonderen Status bekommen. Wir haben auch keine stichhaltige Erklärung dafür finden können, warum er mit einem noch nicht funktionstüchtigen Bogen unterwegs war und ausgerechnet den Weg zum Tisenjoch eingeschlagen hatte. Wir konnten diesen Weg aber als eine Flucht interpretieren.

„Es fehlt uns auch die Vorgeschichte zu der Sache mit der Hand", schließt der Fallanalytiker. „Wir wissen nicht, womit sie angefangen hat, wo sie war und mit wem Ötzi sich angelegt hat. Dennoch können wir den Fall ein Stück weit erklären. Es war kein Jagdunfall, die Auffindungssituation spricht dagegen. Es war kein Raubüberfall, da ein Räuber das wertvolle Kupferbeil mitgenommen hätte. Es war eine gezielte Tötung, mit der eine persönliche Rechnung beglichen wurde, weil andere Motive aus dem Hergang der Tat und der Position der Leiche nicht plausibel zu erklären sind. Aus den Indizien können wir ableiten, dass in den Tagen zuvor zwischen Ötzi und einer Gruppe von Leuten etwas brutal schiefgelaufen sein muss. Wer ihm dann den Pfeil in den Rücken geschossen hat, werden wir nie erfahren. Doch gerade weil dieser Cold Case nie ganz aufzuklären sein wird, bleibt er eine geile G'schicht."

Gedruckt mit freundlicher Unterstützung der Abteilung Deutsche Kultur
der Autonomen Provinz Bozen – Südtirol

Bildnachweis

Amt für Archäologie des Landes Südtirol: S. 152/153, 168/169 | Folio Verlag: Cover (Pfeil), S. 2/3 | Folio Verlag/no.parking: S. 160 (Zeichnung) | Folio Verlag/no.parking, Oliver Peschel: S. 104 | Leibniz-Zentrum für Archäologie, Mainz: 125 (Zeichnung) | GeoBrowser, Autonome Provinz Bozen Südtirol: S. 50/51, 112/113 | Josef Rohrer: S. 14/15, 68/69, 99, 140, 147, 99 (Kurzvideo), 113 (Kurzvideo) | Schweizerisches Nationalmuseum, Sammlungszentrum: S. 29 o., 30/31 (Foto), 53 (Foto), 58, 60 (Foto), 61 (Foto), 62 (Foto), 63 (Foto), 72 l., 72 r., 73, 77, 78, 82, 91, 94, 95, 125 (Foto), 129 | Siemens Healthineers AG: S. 84, 85, 121 | Südtiroler Archäologiemuseum: S. 22, 39 (Zeichnung), 49, 76, 151, 160 (Foto) | Südtiroler Archäologiemuseum (Foto: Andrea Battagin): S. 146, 174/175 | Südtiroler Archäologiemuseum (Foto: Marion Lafogler): S. 154 | Südtiroler Archäologiemuseum (Foto: Günther Niederwanger): S. 32 | Südtiroler Archäologiemuseum/Regionalkrankenhaus Bozen: S. 23, 35, 163 | Südtiroler Archäologiemuseum/Eurac/Samadelli/Staschitz: S. 38 o., 38 u. | Südtiroler Archäologiemuseum (Foto: Elisabeth Vallazza): S. 141 | Südtiroler Archäologiemuseum (Foto: Harald Wiesthaler): S. 131 (Foto), 156/157 (Foto) | Universität Innsbruck, FS Alpiner Raum/Webcam: Cover, S. 8/9, 134/135 | Universität Innsbruck, Institut für Archäologie: (Fotos) S. 79, 83, 127 l., 127 r.o., 128; (Zeichnungen) S. 29 u., 31, 53, 60, 61, 62, 63, 94, 131, 157 | Vienna Report: 127 r.u.

1. Auflage 2024

Lektorat: Hermann Gummerer
Grafik und Umbruch: no.parking, Vicenza
Druckvorstufe: Typoplus, Frangart
Printed in Europe

ISBN 978-3-85256-904-8

www.folioverlag.com